Blankenstein - Das Augsburger Wanderbuch

W0105080

Stöppel · Freizeitführer 912

CHRISTEL BLANKENSTEIN

Das Augsburger Wanderbuch

Familientouren
von der Donau bis
ins Ammerseegebiet

© 1991 Stöppel Verlag, D-8120 Weilheim

Gestaltung und Herstellung: V. Linn, Bad Tölz
Fotosatz: Robert Stöppel, Weilheim ; (Umschlag) Studio T4, München
Fotos: Christel Blankenstein
Karten: V. Linn, Bad Tölz
Litho: Fotolito Longo, Frangart/Südtirol
Druck und Binden: Freiburger Graphische Betriebe, Freiburg

ISBN 3-924012-42-3

Inhalt

III. Herbst

IV. Winter

Vorwort

Liebe Wanderer,

Sie halten ein Büchlein in Händen, mit dem Sie die nähere und weitere Umgebung von Augsburg einschließlich dem Landsberger und Ammerseeraum erkunden können.

Es ist der Idee entsprungen, all denjenigen "auf die Beine zu helfen", die gern etwas unternehmen möchten, aber nie so recht wissen, wie und wohin. Zudem kommt noch, daß viele Markierungen, Karten und Beschreibungen nicht vollständig oder ungenau sind; schließlich stand ich auch oft genug "im Wald".

Aus diesem Grund und weil ich die Wanderungen alle selbst gemacht habe, enthalten die vorliegenden Touren neben Wissenswertem eine genaue Wegbeschreibung. Sie werden also kaum Schwierigkeiten haben, die Strecken nachzuvollziehen, nur genau lesen müssen Sie und vor allem - das Büchlein mitnehmen. Natürlich werden auch meine Wege nicht von Veränderungen verschont bleiben oder schon mal Wirte und Ruhetage wechseln. In dem Fall hoffe ich auf Ihre Nachsicht und wäre für kurze Mitteilung an den Verlag dankbar.

Die jahreszeitliche Gliederung ist entstanden, damit Sie die ganzen 12 Monate dem Bewegungsmangel und der psychischen Überforderung, dem "Streß", vorbeugen können; denn wandern ist gesund, und Gesundheit ist bekanntlich unser wertvollster Besitz. Viele Touren sind innerhalb der vier Zeitabschnitte austauschbar, im Winter habe ich mich hauptsächlich nach der Begehbarkeit der Wege gerichtet, im Sommer nach Schattenrouten, ansonsten nach Sonne und Sicht. Anhand der Abkürzungs- oder Verlängerungsmöglichkeiten können Sie manche Wanderung nach Ihrer Vorstellung oder Kondition selbst gestalten. Suchen Sie sich eben das Passende aus.

Viel Spaß, keine Blasen an den Füßen und stets das richtige Wanderwetter !

Christel Blatt

Zeichenerklärung

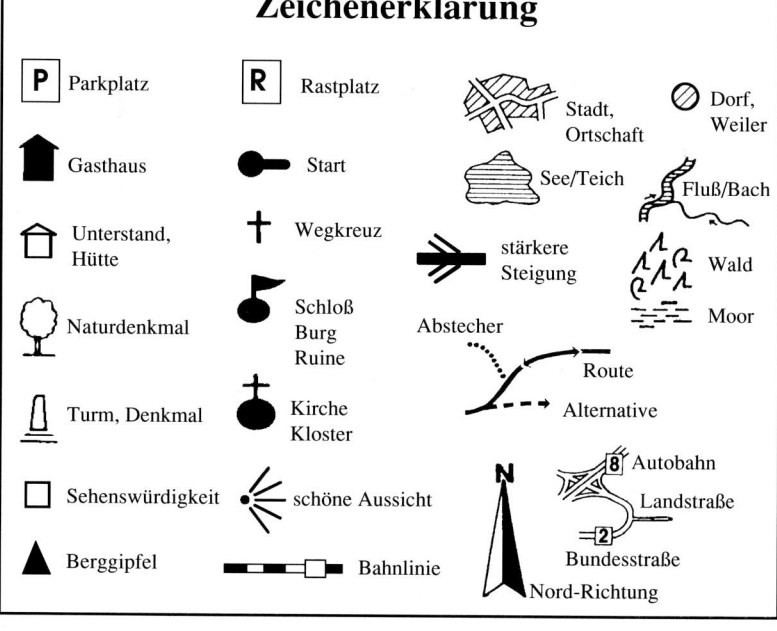

P Parkplatz

R Rastplatz

Stadt, Ortschaft

Dorf, Weiler

Gasthaus

Start

See/Teich

Fluß/Bach

Unterstand, Hütte

Wegkreuz

stärkere Steigung

Wald

Naturdenkmal

Schloß Burg Ruine

Abstecher

Moor

Route

Turm, Denkmal

Kirche Kloster

Alternative

Sehenswürdigkeit

schöne Aussicht

8 Autobahn

Landstraße

Berggipfel

Bahnlinie

N Nord-Richtung

2 Bundesstraße

I. <u>Frühling</u>

Unter den wärmenden Sonnenstrahlen schmilzt der letzte Schnee, der Frost gibt die Gewässer frei, Bäume und Sträucher öffnen ihre Knospen, die Vögel turteln in den Zweigen. Doch welcher Wanderer möchte schon warten, bis die Landschaft ihr prächtiges Frühlingskleid überstreift. Bereits im Vorfrühling zieht es ihn in die erwachende Natur, auf feste Wege mit viel Sonne, wie sie in diesem Kapitel zusammengestellt sind.

Vielleicht ist Wandern die beste Möglichkeit, den Winter zu vertreiben, und sei es nur aus dem eigenen Körper. Alte Bräuche zum ewigen Kampf zwischen der kalten und der warmen Jahreszeit gibt es genug; schließlich mußte man den Winter mit Gewalt aus dem März verjagen, ihn "ausmärzen". So kämpften vielfach junge Burschen, als "böser" Winter und jugendfrischer Sommer verkleidet, gegeneinander, und selbstverständlich siegte der Sommer. In manchen Teilen Deutschlands wurde der Winter "beerdigt": Man zündete eine Strohpuppe an, tanzte singend drumherum und mußte anschließend schnell das Weite suchen, denn den Langsamsten nahm der Winter mit ins Totenreich. Etwas grimmiger geht es teilweise heute noch in den Alpenländern zu, wo man sich mit Dreschflegeln und Mistgabeln bewaffnet und sich mit Drohgebärden gegenübersteht.

Ist der Winter endgültig besiegt, haben die Bayern ihre eigene Form gefunden, den Frühling zu begrüßen. Kaum rückt mit dem Namenstag des Hl.Josef der 19. März heran, treiben die Schankkellner im Bierkeller auf dem Nockherberg die Banzen in die Fässer und verabreichen einen besonders stark eingebrauten Gerstensaft den Honoratioren von Stadt und Staat. Den nicht Geladenen bleibt die nüchterne Feststellung:

So viel Schwein hat nicht jeder!

Tour 1

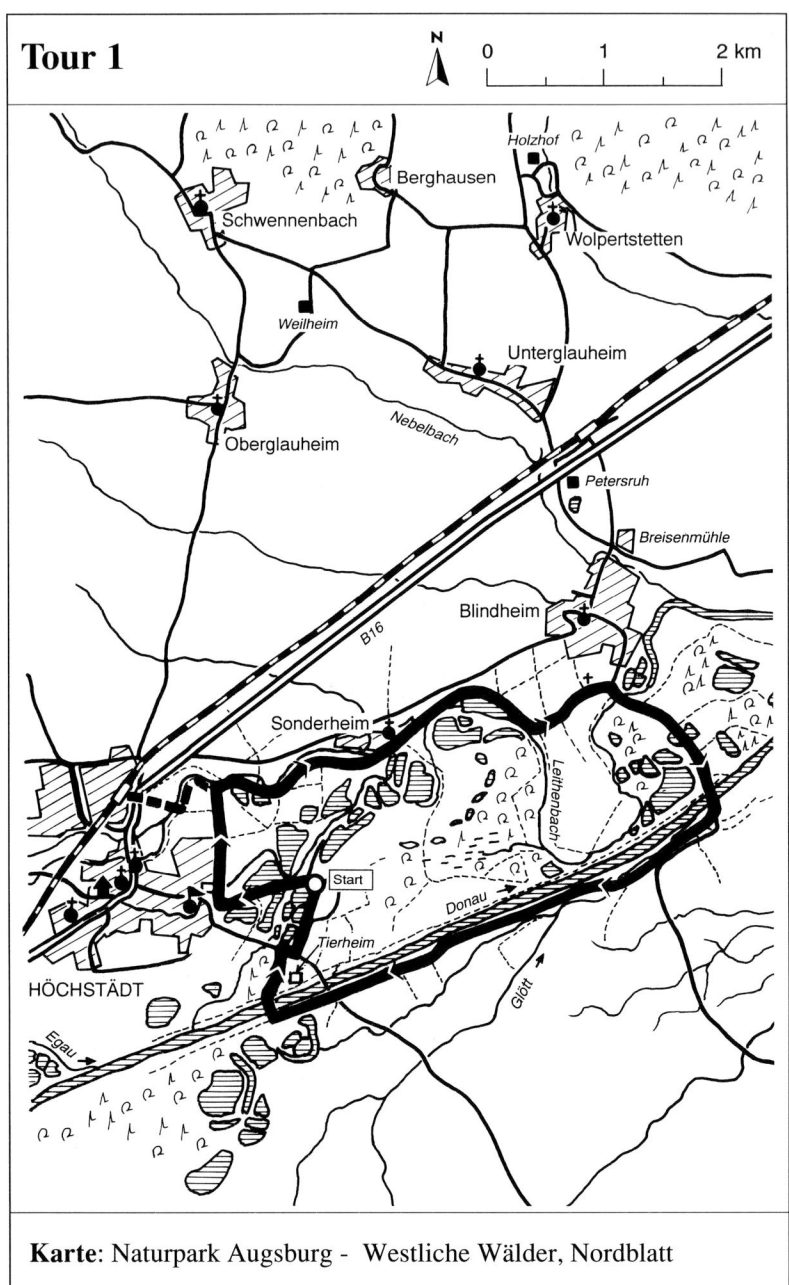

Karte: Naturpark Augsburg - Westliche Wälder, Nordblatt

Tour 1

Über ein Schlachtfeld der Weltgeschichte zum Vogelkonzert an die Donau

Wollen Sie die Frühlingssonne mal nicht in den Lechauen, sondern an der Donau genießen, fahren Sie nach Höchstädt. Dort erwartet Sie ein reizvolles altes Städtchen und eine schattenlose Wanderstrecke zwischen Baggerseen, Auengehölz und Bächen sowie eine interessante Begebenheit aus der Geschichte. Die Tour ist nicht allzu lang, so daß Sie noch Zeit haben für Höchstädt selbst.

Obwohl der Name "Hohestetin" erstmals 1081 in der Geschichtsschreibung auftaucht, zählt die Gegend um Höchstädt zu den ältesten Siedlungsgebieten von Deutschland. Zahlreiche Spuren aus der Mittelsteinzeit belegen, daß hier an der großen europäischen Wasserstraße bereits vor etwa 8000 Jahren Menschen lebten. Um 1280 erhoben die Wittelsbacher Höchstädt zur Stadt, verschiedene bayerische Herzog- und Fürstenhäuser teilten sich in den Besitz, bis man sich im Jahr 1806 königlich-bayerische Stadt nennen durfte. Die Eröffnung der Donautalbahn 1876 brachte erste wirtschaftliche Impulse, einen neuerlichen Aufschwung gab es nach dem Zweiten Weltkrieg, aus dem Höschstädt unbeschädigt hervorging.

Dafür wurde die Stadt in früheren Jahren umso stärker geprüft. Der 30jährige Krieg beendete jäh die Blütezeit, 1627 raffte die Pest ein Viertel der Bevölkerung dahin, und der Einfall der Kroaten am 15. August 1634 war der schlimmste Tag in den Annalen. In die Weltgeschichte ging Höchstädt mit der entscheidenden Schlacht im Spanischen Erbfolgekrieg ein, die im Gebiet zwischen Blindheim, Lutzingen, Höchstädt und der Donau geschlagen wurde. Mehr als 100.000 Mann rangen am 13. August 1704 in einem der blutigsten Gemetzel um den Sieg, den am Abend die Österreicher unter Prinz Eugen sowie die Engländer unter Marlborough an ihre Fahnen heften konnten, während sich die Heere des bayerischen Kurfürsten Max Emanuel und des französischen Marschalls Tallard geschlagen geben mußten. Dokumentiert wird dieses Geschehen im Heimatmuseum der Stadt mittels zwei Dioramen auf 24 qm Fläche mit 9000 Zinnfiguren (geöffnet jeden 1.Sonntag im Monat von 14-17 Uhr, oder nach Vereinbarung: Tel.09074/4956).

Weitere Sehenswürdigkeiten sind der Marktkplatz, das 1853 im neugotischen Stil erbaute Alte Rathaus, das Renaissance-Schloß (1588-1598), das noch renoviert wird, und die Pfarrkirche Mariä Himmelfahrt, deren Baubeginn auf das Jahr 1442 zurückreicht. In der dreischiffigen Staffelhallenanlage mit Netzrippengewölbe ist der Hochaltar mit Figuren des Johann Baptist Libigo von 1695 bemerkenswert. Von ihm stammt auch die pittoreske Kanzel.

(Städt.Verkehrsamt,Bahnhofstr.10, 8884 Höchstädt, Tel.09074/4412)

Von Wertingen kommend, fahren wir vor Höchstädt über die Donaubrücke und nach dem Linksabzweig "Tierheim" die nächste schmale Straße rechts. Am dritten Teich, der als Badeplatz angelegt ist, finden sich, an der Viererkreuzung rechts, am Nordufer Parkmöglichkeiten.

Zurück zur Kreuzung, geht es nun geradeaus zum nächsten Gewässer, hinter dem wunderschön das Höchstädter Schloß in der Morgensonne aufragt. Ein bunter Fasanenhahn rettet sich ins nahe Bruchholz, in dem neben den weißen auch gelbe Buschwindröschen als erste Frühlingsboten blühen, und - wir glauben zu träumen - über den See kommen zwei türkis und rostrot schillernde Eisvögel dahergeschwirrt. Bevor wir auf die Hauptstraße treffen, schwenken wir am Vorfahrt-Achtung-Schild rechts in den "Bruckwörthweg" und folgen ihm bis zur ansteigenden Brücke des Leithenbachs.

Ab hier begleiten uns die Bahnfahrer.

Wir überqueren die Brücke nicht, sondern nehmen rechts den Feldweg auf, der die Windungen des Bächleins vor der baumbestandenen Hangkante nachvollzieht. Braunes Schilf vom letzten Jahr säumt ab und zu das Ufer, und über die nächsten Seen lohnt sich der Rückblick auf Höchstädt mit Schloß und Kirche. Eine Herde Bläßhühner fühlt sich gestört und marschiert ins Wasser, Schafe mit Osterlämmern grasen friedlich auf der anderen Bachseite, dann treibt uns der ewige "Forscherdrang", einen Blick in die großen Ställe vor Sonderheim, einem Ortsteil von Höchstädt, zu werfen. Da laufen sie herum, die Putenschnitzel und -oberkeulen mit den schlackernden Halslappen. In Gedanken, daß wir uns im Supermarkt wiedersehen, verlassen wir das glucksende Federvieh und wandern am nächsten Teich vorbei. Ein Hirschgehege und die Enten auf dem Bach runden das dörfliche Tierleben ab, und wir zählen Brücken. Über die dritte gehen wir links in den Ort, beim Vorfahrt-Achtung-Schild rechts und verlassen das noch recht ursprüngliche Dorf mit Blick auf die Kirche von Blindheim.

Bei den drei Tannen an der Linkskurve nehmen wir geradeaus den Feldweg und folgen oberhalb der nächsten Seen mit uralten Kopfweiden nochmal dem Leithenbach in den Rechtsbogen, bis uns links ein guter Weg hinüberführt nach Blindheim, das wir jedoch abseits liegen lassen. Schön

Das Renaissance - Schloß trägt mit zum mittelalterlichen Gesicht von Höchstädt bei.

ist der Blick von hier auf die südlichen Jura-Ausläufer. Wir passieren ein Flurkreuz und, auf der Autostraße rechts, zwei Brücken, die einen Blick in die nahezu unberührt scheinende Auenlandschaft gestatten.

Auf einer Niederterrasse des Schwäbischen Jura gelegen, hat Blindheim ebenfalls durch die Schlacht von 1704 seinen Platz in der Geschichte gefunden; mit dem Geschenk des "Blenheim Palace" der englischen Königin an den Herzog von Marlborough in Woodstock/Oxfordshire wurde der Name von Blindheim auch in die englisch-sprachige Welt getragen.

Blindheim war Urmark, wurde 1156 erstmals erwähnt und befand sich 1256 als Hofmark im Besitz der "Herren von Blinthaeim", einem niederen Adelsgeschlecht. Das unweit der Dorfmitte gelegene Hofmarkschlößchen wurde 1827 abgebrochen. Ein besonderer Tag in der Neuzeit war für die Gemeinde der 8.8.88, als es viele Brautpaare zur Trauung in den Ort mit der Postleitzahl 8888 zog. Bleibt zu hoffen, daß die ersten nicht schon wieder geschieden sind.

Nun müssen wir etwas weniger angenehm die Straße an dem Kieswerk entlang, zu dem am Wochenende glücklicherweise keine Laster fahren. Ein weiterer See lockert das Gelände sichtlich auf, dann stehen wir auf der Brücke über die Donau, die trotz ihrer hiesigen "Jugend" bereits ganz schön mächtig wirkt und in dem Bereich gerade die Glött aufnimmt.

Die Donau ist mit 2857 km Europas zweitlängster Strom. Im östlichen Schwarzwald entspringen ihre beiden Quellflüsse Brigach und Breg, wobei die Bregquelle geographisch als eigentlicher Ursprung der Donau anzusehen ist. Offiziell gilt dagegen der Zusammenfluß von Brigach und Breg in Donaueschingen als Quelle, die im 19.Jh. im Schloßpark monumental angelegt wurde.

Die Donau durchfließt 647 km lang deutsches Gebiet, ferner Österreich, Ungarn (mit der Grenze zur CSFR), das nordöstliche Jugoslawien, durchbricht im Eisernen Tor die Südkarpaten, bildet die Grenze zwischen Bulgarien und Rumänien und macht einen nördlichen Bogen durch dieses Land, um sich an der Grenze zur UdSSR in einem 4300 qkm großen Delta ins Schwarze Meer zu ergießen.

Gleich nach der Brücke begeben wir uns rechts auf den Damm, von dem wir einerseits ständig einen Blick in die Flußauen, auf der anderen Seite zu den Ausläufern des Naturparks Augsburg, die Westlichen Wälder haben. Beim Kfz-Sperrschild queren wir über ein Brückchen die Glött und halten uns nun direkt ans Donauufer. Die Zahlentafeln sollen kein Vorschlag für Ihren nächsten Lottozettel sein, sondern geben die Flußkilometer an, gerechnet von der Mündung. Falls Sie also hier eine Flaschenpost losschicken, wissen Sie genau, wie weit sie reisen muß bis ins Schwarze Meer.

Wir kommen in ein Wäldchen, und hier ist wirklich ein vielstimmiges Vogelkonzert wie kaum anderswo zu hören. Himmelschlüssel und andere Frühlingsblüher recken zaghaft ihre Köpfe, als wir am Ende des Waldstücks zurückkehren auf den Damm. Wir schlendern ihn, die Sonne genießend, entlang, haben im Blickfeld die Kühlwolken des Atomkraftwerks Gundremmingen, queren die Autostraße und statten der Staustufe Höchstädt eben noch einen Besuch ab. Interessant ist die Bootsschleuse und der Blick übers Wasser bis zu den Türmen von Dillingen. Am anderen Ufer folgen wir geradeaus über die Bachbrücke dem Gebell zum Tierheim. Falls Sie sich entschließen sollten, so ein armes Zamperl mitzunehmen, freut sich nicht nur das Tierheim, sondern auch der Hund. Auf der Autostraße kurz rechts, gehen wir in den nächsten Feldweg links gegenüber (Vorsicht!), um wiederum an Teichen und alten Kopfweiden zurückzukehren zu dem kleinen Badesee.

Spätestens jetzt empfiehlt sich ein Besuch in Höchstädt. Besiegten sich auf dem Schlachtfeld dereinst die großen Heere, werden die einladenden Gasthäuser in der Altstadt Gleiches mit Ihrem Hunger und Durst tun.

Gehzeit:	*ca. 3 1/2 - 4 Stunden*
Besondere Hinweise:	Leichte, ebene Strecke fast gänzlich ohne Schatten, daher trotz Bademöglichkeiten nicht sommergeeignet, im Herbst oft Nebel.
Ausgangspunkt:	Von Wertingen kommend, nach der Donaubrücke das Sträßchen nach dem Linksabzweig "Tierheim" rechts. Am Nordufer des dritten Teiches beim Badeplatz Parkmöglichkeiten. Zugang vom Bahnhof: Links zur Donauwörther Straße, schräg gegenüber rechts "Quellweg", am Ende rechts und links "Ellimahdstraße", an Kreuzung geradeaus und Brücke über den Leithenbach, auf Uferweg links bis zur Straßenbrücke und geradeaus mit Tour weiter.
Einkehrmöglichkeiten:	Mehrere in Höchstädt, für unterwegs Brotzeit und Getränke mitnehmen.
Baden:	An einigen der vielen Seen möglich, Hallenbad in Höchstädt.

Tour 2

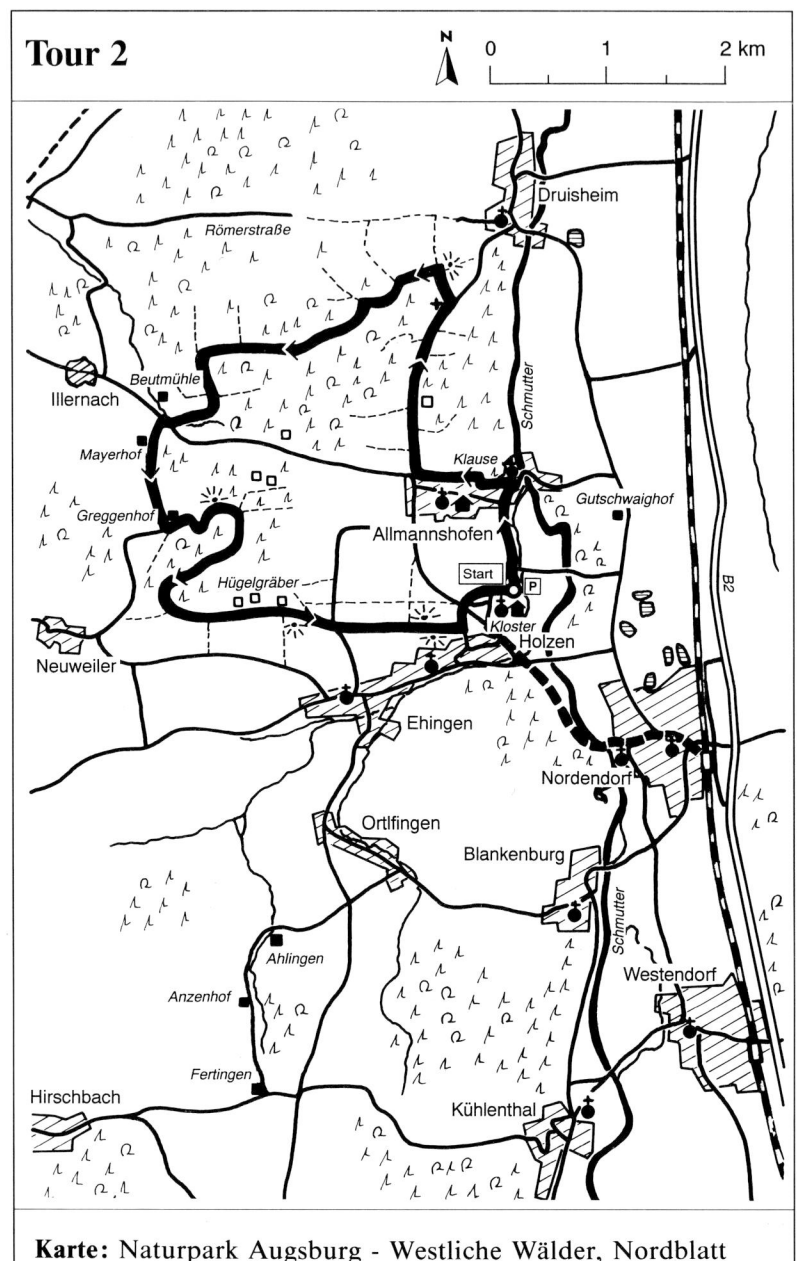

N
0   1   2 km

Druisheim

Römerstraße

Beutmühle

Illernach

Mayerhof

Greggenhof

Hügelgräber

Neuweiler

Klause

Allmannshofen

Gutschwaighof

Start   P

Kloster   Holzen

Ehingen

Nordendorf

Ortlfingen

Blankenburg

Schmutter

B2

Ahlingen

Anzenhof

Westendorf

Fertingen

Hirschbach

Kühlenthal

Karte: Naturpark Augsburg - Westliche Wälder, Nordblatt

16

Tour 2

Ein "ganzjähriges" Christkind und frühgeschichtliche Hügelgräber

Ein Kleinod im nördlichsten Zipfel des Naturparks Augsburg - Westliche Wälder ist das Kloster Holzen, dessen Doppeltürme auf der Anhöhe bei Nordendorf recht auffällig sind. Bei ihm soll unsere Blütenwanderung rund um Allmannshofen beginnen.

Alle, die das Auto zu Hause lassen, müsen für Hin- und Rückweg vom und zum Bahnhof Nordendorf ungefähr 1 1/2 Stunden hinzurechnen. Vom Bahnhof geradeaus vor zur "Hauptstraße" folgen wir dieser links bis zum efeuberankten "Brauereigasthof" und ab hier dem Schild "Bauhof" bis zur Schmutterbrücke, über die der steinerne Heilige Johannes wacht. Danach gleich rechts am Ufer weiter, passieren wir einen kleinen Rastplatz, gehen geradeaus bis zur Straße, auf dieser kurz links nach Ehingen und rechts den Berg hinauf mit schönem Blick übers Lechtal und auf die Klosteranlage. Der erste Weg rechts bringt uns zum Klosterhof und zur sehenswerten Kirche.

Das ehemalige Benediktinerkloster Holzen wurde bereits um 1150 von dem Grafen und Kreuzfahrer Marquard von Donnersberg im Tal gegründet. Nach der Auflösung des Männerklosters im 15.Jh. - das Nonnenkloster lag auf der anderen Seite der Schmutter - erhielt es seine heutige Form auf dem Berg. Dies geschah unter Leitung des Ottobeurer Paters Christian Vogt in den Jahren 1696 bis 1704.

Die Ausstattung der Klosterkirche zählt zu den Hauptwerken der Stuckkunst um 1700. Der Wessobrunner Benedikt Vogl überzog den Wandpfeilerbau von Franz Beer (1698-1704) mit weißen, pflanzenähnlichen Ornamenten. Qualitätvoll ist auch der Hochaltar des Augsburger Bildhauers Ehrgott Bernhard Bendel aus dem Jahr 1730. Bendel schuf auch die Seitenaltäre. Die Ölbilder der Gnadenpforten sind ein Werk von Johann Georg Bergmüller. Die reich gekleidete Figur des Christkinds wird in einem Glasschrein im Altar der 14 Nothelfer aufbewahrt. Sie stammt von einem unbekannten Künstler aus der Zeit um 1620/30 und soll wundertätig wirken.

Die Fülle der Kunstgegenstände verdankt ihre Rettung vor der Säkularisation dem Fürsten Alois von Hohenzollern, der den Konvent aufheben ließ, als ihm 1802 das Kloster zufiel. Als weiterer Retter erwies sich die St.Josef-Kongregation von Ursberg, die das Kloster 1927 aufkauf-

Schön renoviert zeigt sich der Eingang zum Kloster Holzen

te, als Anstalt für geistig Behinderte verwendete und durch eine grundlegende Renovierung 1965-70 vor dem Verfall bewahrte. Die neu erbaute Behindertenwerkstätte liegt ebenfalls in der Hand der Ursberger.
  Die Kirche ist von 12-13 Uhr und abends ab 17 Uhr geschlossen.
  Vom Eingang zum Klosterhof gehen wir die Holzbohlentreppe abwärts, den "Pater-Innozenz-Feicht-Steig". Hübsch liegt die Kapelle im kleinen Friedhof, drei als Naturdenkmal ausgewiesene alte Linden säumen die Treppe, und wir gehen rechts um die Friedhofsmauer, dann die nächsten Stufen abwärts. Links am Seitenarm der Schmutter entdecken wir einen Steig. Wir nehmen ihn auf, bleiben bei der Wegeteilung rechts am romantischen Bachufer und kommen durch einen buschwindröschenbestandenen Auwald wieder knapp ans Wasser. Über dem Sägewerk taucht auf dem Hügel bereits das Kirchlein der Klause von Allmannshofen auf.
  Bei Allmannshofen handelt es sich um eine Rodesiedlung des 11./12.Jh. Am Hang zur Schmutter finden sich noch Reste einer mittelalterlichen Wehranlage, genannt "Klause".
  Die Pfarrkirche St.Nikolaus ist ein einheitlicher Neubau von Chr. Wiedemann aus dem Jahr 1714 und wurde Ende des 19.Jh. erweitert.

Am Beginn der Treppe zum Kalvarienberg stehen ebenfalls prächtige geschützte Linden; wir steigen hinauf und wenden uns oben links, da das Gelände mit der Kapelle Privatbesitz ist. Auf der Kante geht es etwas erhöht über dem in Blüten getauchten Dorf dahin, im Blickfeld der Zwiebelturm der Allmannshofer Kirche. Hühner gackern, eine schwarzweiße Katze schleicht durchs Feld, irgendwo das Muhen einer Kuh, alles strahlt bedächtige Ruhe und dörflichen Frieden aus. Einer Rechts-Links-Kurve nach, kommen wir zur Vorfahrtsstraße und wandern, auf dieser rechts Richtung Druisheim, zum Dorf hinaus. Die Wiesen empfangen uns löwenzahngelb, danach hält sich die Straße am Waldrand, auf der nächsten Grünfläche äsen friedlich ein paar Rehe, und bei einem Flurkreuz treten die Bäume von der Straße zurück.

Hier biegen wir links ab und gehen bis zur ersten Viererkreuzung in den Feldern, von denen an klaren Tagen der Blick bis Donauwörth reicht. Der aus der Senke auftauchende Kirchturm gehört zu Mertingen. Nun links zum Waldrand, betreten wir nach links den Mertinger Forst und halten uns als nächstes gleich rechts. Auf dem Querweg mit der Rundwegmarkierung wiederum links und in einen Rechtsbogen, geht es nun länger geradeaus, was uns die Möglichkeit bietet, den Gedanken nachzuhängen und dem Vogelkonzert zu lauschen.

Nochmal treffen wir auf einen Querweg mit Markierungen an den Bäumen. Links bringt er uns zu den Fischteichen bei der Beutmühle und zur Autostraße. Wir benützen sie kurz rechts, um sie gleich wieder links in Richtung "Mayerhof, Greggenhof" zu verlassen. Aus den buttergelben Wiesen lugt das Dörfchen Illemad. Das schmale Teersträßchen führt am gepflegten Mayerhof vorbei zu den malerisch gelegenen Greggenhöfen. Lauthals meldet der Hofhahn unsere Ankunft und bringt sein Hühnervolk in Sicherheit, denn wir müssen links das Anwesen durchqueren. Am Hang zieht der Wiesenweg hinauf zum Schlattholz. Auch hier steht das satte Gelb des Löwenzahns in schönem Kontrast zum zarten Grün der Bäume.

An der Waldecke gehen wir rechts aufwärts in den mit Sperrschild versehenen Forstweg und auf dem Querweg rechts. Auch hier hat "Wiebke" dem Wald starke Wunden geschlagen. Wir folgen der leichten Rechtskurve und streben bei der Wegeteilung links dem Waldrand zu. Wir befinden uns am Südrand des Schlattholzes, schauen links auf die Kirche von Ehingen und wenden uns in die gleiche Richtung. An der Wiese entlang, dann am Waldrand weiter, tauchen vor uns die Doppeltürme von Kloster Holzen auf, aus dem Tal auch die zweite Kirche von Ehingen. Bevor der Wald endet, bei der leichten Rechts-Links-Kurve, entdecken wir unter den Fichten die baumbestandenen Hügelgräber.

Der Stuck der Klosterkirche Holzen zählt zu den Hauptwerken
der Stuckkunst um 1700

Neben den keltischen Viereckschanzen gehören die Hügelgräber zu den wichtigsten Geländedenkmälern unserer Gegend. Die Sitte, Grabhügel anzulegen und die Toten mit allerlei ihrem Rang entsprechenden Beigaben darin zu bestatten, ist sehr alt. Bereits die steinzeitlichen Hünengräber in Norddeutschland und Skandinavien waren mit Erde überhäuft. Am Ende der Jungsteinzeit vor rund 4000 Jahren kam die Grabhügelbestattung auch nach Süddeutschland. Die als "Bühl", "Leh" oder "Lehen" bezeichneten Hügel wurden in der mittleren Bronzezeit allgemein üblich und als Familiengrabstätten benützt, in denen nach und nach mehrere Verstorbene beigesetzt werden konnten. Da die bronzezeitlichen Hügelgräber im Gegensatz zu den wesentlich höheren der Hallstattzeit meist sehr flach *angelegt waren, fielen sie oft der Erosion oder dem Pflug zum Opfer. Nur im Schutz des Waldes sind die Grabhügel noch einigermaßen gut erhalten.*

Beim Alter dieser Begräbnisstätten denken wir etwas ehrfurchtsvoll über Werden und Vergehen nach. Gut dazu passen die inzwischen 5 Kirchtürme in der Runde, denn nun ist auch wieder die Kuppel der Allmannshofer Kirche hinter dem Feld aufgetaucht. Wir marschieren quer über das Teersträßchen auf den Eichenhain zu, bleiben links davon und immer geradeaus auf der Höhe. Die Doppeltürme von Holzen und die Kirche von Ehingen rücken immer näher, wir schauen auf Nordendorf und weit in die Lechebene. Auf der Teerstraße links und an der Stop-Straße geradeaus, sind wir wieder in Holzen und gelangen rechts durch die "Klosterstraße" zu den freundlichen Nonnen in der "Klosterwirtschaft", wo es sich in der holzvertäfelten Stube mit den alten Deckenbalken, dem Parkettboden und den Butzenscheiben recht gemütlich sitzt - falls Sie nicht zu denjenigen gehören, die nach Nordendorf zum Zug müssen. Vergessen Sie auch nicht, das Christkind in der Kirche zu besuchen, schließlich ist es nicht mehr allzu lang hin bis Weihnachten !

Gehzeit:	*ca. 3 - 4 Stunden,* Hin- und Rückweg zum Bahnhof Nordendorf zusätzlich etwa 1 1/2 Stunden insgesamt.
Besondere Hinweise:	Gepflegte Forstwege wechseln mit Feldwegen, die möglichst abgetrocknet sein sollten; wechselweise Sonnen- und Schattenstrecken, kaum Steigungen. Auch Sommer- oder Herbsttour; durch die Lage zwischen Donau und Lech im Herbst oft Nebel.
Ausgangspunkt:	Kloster Holzen nordwestlich von Nordendorf (Parkplätze) oder Bahnhof in Nordendorf.
Einkehrmöglichkeiten:	"Klosterwirtschaft" in Holzen (an Sonn- und Feiertagen geschlossen), im nahen Allmannshofen Gaststätte im neuen Gemeindezentrum bei der Pfarrkirche (nur Freitag, Samstag, Sonntag geöffnet), zwei in Nordendorf am Weg. Brotzeit mitnehmen für unterwegs.
Baden:	Freibad nördlich von Nordendorf, an der Straße nach Druisheim.

Tour 3

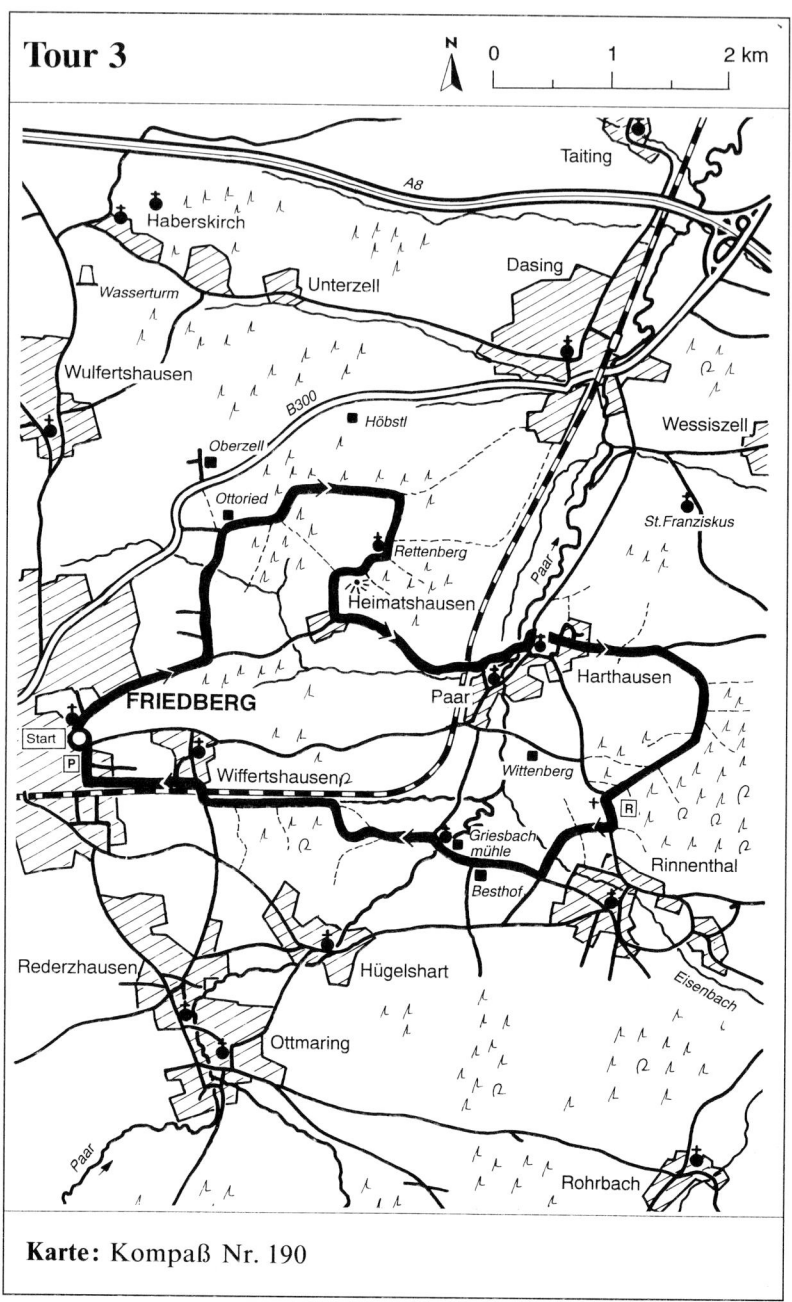

N 0   1   2 km

Taiting

Haberskirch

A8

Wasserturm

Unterzell

Dasing

Wulfertshausen

B300

Höbstl

Wessiszell

Oberzell

Ottoried

St.Franziskus

Rettenberg

Heimatshausen

Paar

FRIEDBERG

Paar

Harthausen

Start

P

Wiffertshausen

Wittenberg

R

Griesbach
mühle

Rinnenthal

Besthof

Rederzhausen

Hügelshart

Eisenbach

Ottmaring

Paar

Rohrbach

Karte: Kompaß Nr. 190

Tour 3

Von einer eigenwilligen Wallfahrtskirche ins östliche Hügelland

Das sanfte Hügelland östlich von Friedberg lädt zu einer recht abwechslungsreichen Wanderung durch Wald und Feld ein und überrascht zu Beginn mit einer Wallfahrtskirche besonderer Güte.

Die Stadt Friedberg bietet von Augsburg aus noch heute den Anblick einer trutzigen Feste, die Ludwig der Gebartete zu einer solchen ausbauen ließ und der er 1404 ein neues Stadtrecht verlieh. Das Gebiet kam von den Welfen und Staufern in den Besitz der Wittelsbacher. Herzog Ludwig II., der Strenge, ließ 1257 die Burg "Vrideberc" bauen. Die in ihrem Schutz entstandene Ansiedlung erhielt 1264 von König Konradin und dem Herzog die Stadtrechte.

Den Wittelsbachern diente die Burg zur Sicherung ihres Besitzes am Lechrain sowie des Salzhandels, der erhebliche Zolleinnahmen brachte. Nach dreimaliger Zerstörung erhielt das jetzige Schloß erst 1646 seine Gestalt, der Turm ist ein Jahrhundert älter. Heute dient es als Heimatmuseum mit sehenswerten Exponaten der 1754 gegründeten Friedberger Fayence-Manufaktur und den einst berühmten Uhrmacherwerkstätten der Stadt (geöffnet an Sonn- und Feiertagen 14-17 Uhr, mittwochs 14-16 und 19-21 Uhr).

Trotz der Befestigung hatte Friedberg als Grenzstadt gegen Augsburg stark zu leiden. Kriege und Brandschatzungen zogen sich über die Jahre 1632 bis 1796 hin, ebenso stark waren die Zerstörungen im Zweiten Weltkrieg. Doch Bürgerfleiß schuf wieder eine Stadt mit Gesicht, in der die altbaierischen Häuser mit den gegliederten Fassaden die Straßen der Hauptachse säumen, während sich bescheidenere Bauten in die engen Gassen und an die alte Stadtmauer schmiegen. Besonders schön wirkt im Zentrum der Marienplatz, auf dem das 1680 im Hollstil erbaute Rathaus voll zur Geltung kommt.

(Verkehrsamt der Stadt Friedberg, Tel.0821/6002213)

Ausgangspunkt unserer Wanderung ist die Wallfahrtskirche "Herrgottsruh" im Osten von Friedberg, zu der uns schwarzweiße Wegweiser hinführen und bei der es auch ausreichend Parkplätze gibt. Mit dem Bus nach Friedberg zu gelangen, ist ebenfalls kein Problem.

Die eigenwillige Architekturschöpfung der Wallfahrtskirche "Herrgottsruh" ist ein Werk von Benedikt Ettl und geht auf die hochmittelalterliche

Nachbildung einer Heilig-Grab-Kapelle zurück. 1731-53 entstand die in sich geschlossene Baugruppe mit dem Turm und der mächtigen Chorrotunde, der ein 1719/20 errichtetes Priesterhaus vorgelagert ist. Im Innern besticht das Gotteshaus durch eine gewisse Duftigkeit, zu der letztlich die beschwingten Rocaille-Stukkaturen von Franz Xaver Feichtmayr d.Ä. und die virtuosen Chorfresken von Cosmas Damian Asam beitragen. Die Langhausfresken stammen von Matthäus Günther. Im nördlichen Seitenaltar befindet sich das spätgotische Gnadenbild "Christus in der Rast", das der Wallfahrtskirche den Namen "Unseres Herrn Ruhe" gab.

An der südlichen Friedhofsmauer, zwischen dem alten und neuen Friedhof, folgen wir den Wanderschildern Richtung "Heimathausen, Harthausen". Geradeaus und an den letzten Häusern entlang, verlassen wir den Ort und wenden uns beim Marterl mit der Geschichte des armen Michl-Bauern nördlich zur Kläranlage ins "Fuchsloch".

Wollen Sie sich eine gute Wegstunde sparen, gehen Sie hier geradeaus weiter zum sichtbaren Heimathausen und steigen Sie dort wieder in die Tour ein.

Geradeaus über die Fuchsloch-Höhen erreichen wir den bereits um 1270 erwähnten Einödhof von Ottoried mit 2 Teichen und den vielen Katzen, die unseren Hund an der Leine zu einigen Pirouetten veranlassen. Durch den Hof rechts zum Wald, bietet sich ein hübscher Blick hinüber nach Friedberg und auf die lieblich in die Landschaft gebetteten Dörfer.

Wir betreten nach links das Friedberger Ödholz, gehen gleich rechts und nun immer geradeaus bis zum Querweg mit dem weißen Schild "Wanderweg Rettenberg, Dasinger Holz, Ottoried". Hier rechts und halblinks, folgen wir dem Hauptweg und müssen die Augen offenhalten, um den Baum mit den vielen Markierungen (2, 10 rund, blau-gelbes Viereck, Wanderweg Paar-Heimathausen etc.) nicht zu übersehen. Bei diesem geht es im spitzen Winkel rechts abwärts, ein Stück am Waldrand entlang und durch die blühenden Wiesen hinauf zur Kapelle von Rettenberg.

Auf einem burgstallähnlichen Hügel errichtet, ist das sagenumwobene St.-Georgs-Kirchlein wohl eine Wessobrunner Gründung des 8./9.Jh. Der spätgotische Turm und Hochaltar datieren um 1660.

Um die Kirche herum, laufen wir auf der Teerstraße mit hübscher Aussicht ins Paartal nach Heimathausen und wenden uns links.

Wer *direkt von Friedberg* gekommen ist, schließt sich der Route wieder an, die uns kurz vor dem Ortsende rechts abwärts ("Wanderweg Nr. 10" etc.) in einen Feldweg und in ein wunderschönes, ruhiges Tal geleitet, in dem die Bussarde kreisen und an dessen Ende die Häuser von Paar auftauchen. Durch die ständig geschlossene Bahnschranke - Dicke haben

Sagenunwoben erhebt sich das Kirchlein von
Rettenberg auf dem Hügel

hier wenig Chancen - und ein paar Meter geradeaus, nehmen wir links den
"Wanderweg Nr. 1", der uns als hübscher Fußweg mit Blick auf die
Dasinger Kirche über zwei Brücken nach Harthausen bringt.

Die Pfarrkirche in Paar ist mit Wessobrunner Stuck geschmückt, die
Kapelle St. Ursula in Harthausen stammt aus dem Jahr 1848.

Auf der Autostraße links, orientieren wir uns die nächste rechts "Zieglbach,
Malzhausen". Wir marschieren aus dem Ort bis zum Feldkreuz und
zweigen halbrechts ab, nun immer der roten 1 nach. Gerade auf das
Sperrschild zu, tauchen wir in den Schatten des Landmannsdorfer Forstes.
Vogelgezwitscher begleitet uns durchs lichte Maiengrün, farbenprächtige
Schmetterlinge taumeln über die Lichtungen, als wir, bei den Rastbänken
geradeaus, dem Waldrand zustreben. Ein einladender Rastplatz aktiviert

unsere Magennerven, die Rucksackbrotzeit besänftigt sie wieder. Der Feldweg bringt uns zur Autostraße, und links am Flurkreuz mit den Birken vorbei, verlassen wir die befahrene Straße noch vor Rinnenthal rechts in die "Harthauser Straße".

Rinnenthal war einst Hofmark mit eigener Gerichtsbarkeit, die erst 1835 an den bayerischen Staat kam. Die Pfarrkirche St. Lorenz besitzt einen gotischen Sattelturm.

Wir überqueren den Eisenbach, berühren die Rinnenthaler Sportanlagen und wenden uns rechts den Feldweg aufwärts zum gut sichtbaren Besti-Hof. Hübsch ist der weite Blick ins Paartal, und geradeaus die Straße bergab, überrascht die Griesbachmühle an der Paar mit einer romantischen Kapelle. Nach der zweiten Brücke links hinauf in den Wald, dann rechtshaltend (Markierung rote 1 und Nr. 11), müssen wir durch einen Hohlweg wieder abwärts, bevor uns der Wald links in das hübsche Wiesental entläßt, das von der Bahnstrecke Augsburg-Ingolstadt durchzogen wird und an dessen Ende bereits der spitze Friedberger Kirchturm auftaucht. Mit der Straße queren wir die Geleise, schwenken links in den schmalen Fußpfad und begleiten, bei den ersten Häusern geradeaus, noch ein Stück die bis zu 13 Meter tief eingeschnittene Paartalbahn. Ihr Bau 1872-75 war seinerzeit eine technische Leistung. Rechts durch die "Geistbeckstraße" stehen wir kurz drauf wieder vor der Wallfahrtskirche Herrgottsruh und den beiden Möglichkeiten, dort "innere" oder in einem der Friedberger Gasthäuser "äußere" Einkehr zu halten.

Gehzeit:	*ca. 4 - 5 Stunden;* bei Abkürzung geradeaus nach Heimathausen etwa 1 Stunde weniger.
Besondere Hinweise:	Hügelige Strecke, wechselweise Sonnen- und Schattenstrecken, auch im Herbst schön.
Ausgangspunkt:	Wallfahrtskirche "Herrgottsruh" in Friedberg, Zufahrt beschildert, oder mit Bus bis Volksfestplatz.
Einkehrmöglichkeiten:	Mehrere in Friedberg, für unterwegs Brotzeit mitnehmen, Rastplatz im Landmannsdorfer Forst.
Baden:	Abseits der Strecke, zwischen Friedberg und Augsburg am Friedberger Baggersee (Wasserskilift).

Tour 4

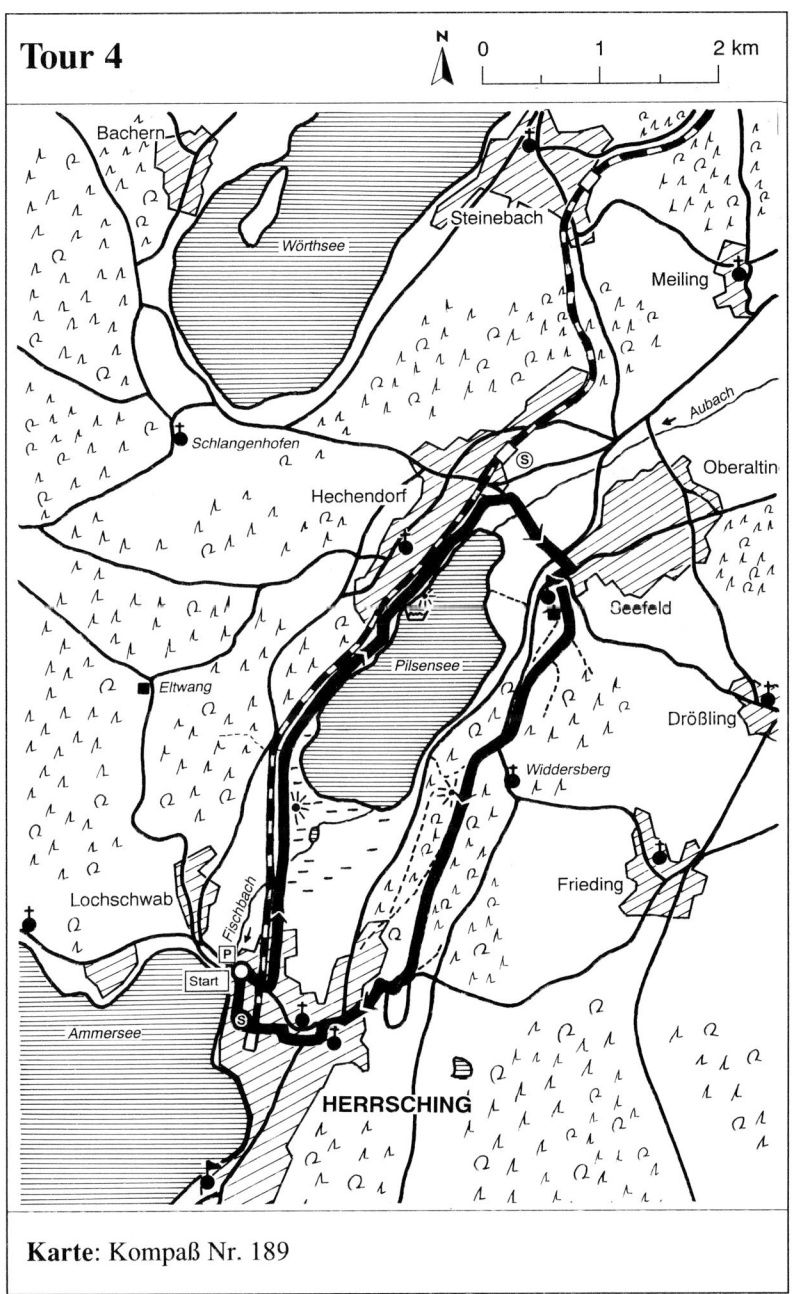

Bachern
Wörthsee
Steinebach
Meiling
Aubach
Schlangenhofen
Oberaltin
Hechendorf
Seefeld
Eltwang
Pilsensee
Drößling
Widdersberg
Frieding
Lochschwab
Fischbach
Start
Ammersee
HERRSCHING

Karte: Kompaß Nr. 189

Tour 4

Zum gastlichen Schloß über dem Pilsensee

Feste Wege, viel Sonne und möglichst noch laubfreie Bäume waren die Auswahlkriterien für die Frühlingswanderung um den Pilsensee; denn tragen die Zweige erst Blätter, bekommen Sie vom Wasser kaum etwas zu Gesicht. Als Ausgangspunkt dient der Parkplatz am nördlichen Ortseingang von Herrsching, direkt am Ammersee.

Herrsching, das bereits 776 erwähnte Fischerdorf, ist heute ein stark zersiedelter Ort und bietet kunstgeschichtlich nicht allzuviel, eher schon landschaftlich, da es sich voll in die östliche Ausbuchtung des Ammersees, in die Herrschinger Bucht schmiegt und allerlei Wassersport ermöglicht.

Hinter dem Parkplatz benützen wir den Fußweg, der parallel zur Autostraße bis zum Bahnübergang verläuft. Gleich dahinter links, folgen wir dem Schild "Radwanderweg Hechendorf-Wörthsee" direkt neben den Gleisen in das Schutzgebiet Herrschinger Moos.

Das botanisch wertvolle Moorgelände entstand durch zunehmende Verlandung und trennte damit den Pilsensee vom Ammersee ab. Der am Südufer vorgelagerte breite Schilfgürtel ist ein Paradies für Vögel und allerlei Wassergetier. Der Pilsensee selbst mit etwa 2 qkm Fläche ist 2,8 km lang, 1 km breit und bis zu 30 m tief, sein Wasser ist radium- und moorhaltig.

Über dem braun-gelben Schilfmeer erhebt sich in der Ferne bereits Schloß Seefeld, dem wir noch unsere Aufwartung machen werden. Doch zunächst beobachten wir die Vögel, schlagen einen kurzen Haken um die Bahngleise und wandern zwischen schönen Häusern und der Bahntrasse nach Hechendorf, wobei die großen Grundstücke immer wieder einen Blick auf den See zulassen. Beim öffentlichen Schwimmbad ist das seitliche Türchen um diese Jahreszeit meist offen. Es lohnt sich, eben zum Wasser zu gehen und einen Blick über den See aufs Hochgebirge zu werfen.

Das Bestehen von Hechendorf um 1150 wird im Traditionskodex des Klosters Dießen belegt. Wahrscheinlich wurde auch um diese Zeit die Pfarrkirche St. Michael erbaut, deren gotische Grundmauern, von einer Stützmauer gehalten, tief unter das Niveau der Straße reichen.

Wir laufen geradeaus weiter, bis der Verkehrspfeil rechts in die Einbahnstraße zeigt, die uns zur Straße nach Seefeld bringt. Auf dem Gehweg gegenüber rechts, stehen wir kurz drauf an der Ampel, erklimmen auf der anderen Seite mit dem Fußweg die halbe Höhe, wenden uns in der

Das Schloß der einstigen Herren von Seefeld liegt hoch über dem Pilsensee

"Herrschinger Straße" rechts, queren die Autostraße und steigen nach den Containern links die Treppen am Bach hinauf zum Schloß Seefeld. Mit 5 Bogen spannt sich die Steinbrücke über die tiefe Schlucht, über die wir das als Kulturdenkmal geschützte Schloß der Herren von Törring betreten.

Die zweiflügelige Anlage von Schloß Seefeld geht in ihrem Bergfried auf das Mittelalter zurück. Hübsch ist der barocke Torbau von 1736, hinter dem sich der Wirtschaftshof erstreckt und um dessen grünbemoosten Brunnen sich nach Abschluß der umfangreichen Renovierungsarbeiten erneut die Sonnenschirme des Schloßbräustüberls scharen werden. Denn hier bewahrheitet es sich wieder einmal: Wo in Bayern ein Schloß steht, ist meist eine Brauerei nicht weit, wo eine Brauerei ist, gibt es eine Wirtschaft, und wo eine Wirtschaft ist, da findet sich auch ein Biergarten.

Die bereits sanierten Teile lassen ahnen, in welcher Schönheit das um 1150 erstmals erwähnte Schloß der Herren von Seefeld, die Bezug zu Seefeld in Tirol hatten, wieder erstrahlen wird und das dann auch einen Zweig des Münchener Völkerkundemuseums aufnehmen soll. 1472 ging der Besitz an die Grafen von Törring über. Der Schloßturm stammt aus dem 12.Jh., die übrigen Bauteile sind spätgotisch und barock. Die Schloßkapelle im Südflügel erhielt 1776 Fresken von Josef M.Ott und Stukkaturen von Tassilo Zöpf. Nach dem Vorbild von San Maria del Popolo in Rom birgt der Hochaltar eine Gnadenikone, entstanden um 1500 aus dem Umkreis von

Hans Holbein d.Ä. Die sitzende Muttergottes im Seitenaltar wurde wahr-scheinlich um 1450 in Augsburg gefertigt.

Gleich nach dem Torturm steigen wir links hinunter in den völlig naturbelassen wirkenden Schloßpark, der mit alten Eschen, Ulmen, Buchen, Eichen, Fichten und Lärchen einen musterhaften Mischwald bildet. Der Höllbach und andere Wasserläufe durchsägen die steilen Moränenhänge, dazwischen blühen blaue Leberblümchen und weiße Buschwindröschen in Fülle. Der Fußweg links übers Brücklein, am Wasser entlang und über die nächste Holzbrücke rechts ist ausgesprochen nach unserem Geschmack. Wir bleiben nun immer rechts des Baches in dem lieblichen Tal und gelangen an der Wiese hinauf zur Straße nach Widdersberg.

Hoch oben thront die Ortskirche, und wir verlassen die Straße nach rechts in den "Burgweg". Am hübschen Teich gewähren die noch nicht begrünten Bäume einen Blick auf den tiefer liegenden Pilsensee. Bei der Wegeteilung halten wir uns an die schwarz-gelbe 7 links aufwärts. Eine Aussichtsbank verlockt dazu, den Blick über das romantische Gewässer aufs hochgelegene Widdersberg zu vertiefen, und nach den letzten Häusern schauen wir von den freien Wiesen nochmal auf den Pilsensee. Der Wanderweg läuft nun immer auf einer Rippe entlang, bei der Wegeteilung mit Markierungen linkshaltend weiter der 7 nach. Unterhalb begleitet uns ein nettes Tälchen, und in der Ferne blinkt schon mal der Ammersee.

Wir kommen zur Straße, bleiben gleich rechts vor der Leitplanke, und schon zeigt der gelbe Pfeil mit der schwarzen 7 rechts hinunter. Der breite Waldweg bringt uns in Kurven zum ersten Haus und wird zum schmalen Pfad, der uns schließlich auf die Autostraße (!) entläßt. Hier fressen sich die Häuser von Herrsching zwar immer höher hinauf in den Wald, doch für einen Fußweg war scheinbar kein Platz. So müssen wir die Bergabstrecke mit den Autos teilen. Ein Liebhaber hat alte Straßenbahnen gesammelt, die Linie 26 zum Hauptbahnhof und ein Sonderwagen stehen im Gelände. Unten an der Kurve geradeaus, streben wir, an der Ampel links, der Brücke über den Kienbach und der auf dem Hügel gelegenen Kirche St. Martin zu, ein spätgotischer Bau, der Mitte des 18.Jh. barock gestaltet wurde.

Wer möchte, kann hier Tour 23 anhängen.

Vom Bänklein daneben sieht man zum Ammersee, den wir auf ruhigen Wegen erreichen:

Nach der Kienbachbrücke unterhalb der Kirche rechts und wieder rechts übers Brücklein, kommen wir zum Gasthof "Post" mit Biergarten unter den alten Kastanienbäumen, gehen am Bach links vor zur Straße, auf dieser kurz links und die nächste rechts. Über die steinerne Brücke rechts in die "Kienbachstraße", gelangen wir zum S-Bahnhof und entdecken schräg rechts davon die Unterführung. Durch diese bringt uns der schmale Fußweg zur Kirche. Danach kurz rechts, aber nicht am Bach entlang, sondern erst den nächsten Fußweg links, erreichen wir das Seeufer.

Der Ammersee als drittgrößtes Gewässer Bayerns wird von der Ammer gespeist, die ihn am Nordende als Amper wieder verläßt. Er macht sich in einer von den Gletschern der letzten Eiszeit gebildeten Wanne breit, und zwar in einer Ausdehnung von 3 bis 5 km. Die Länge beträgt 16 km, die Tiefe bis zu 80 m, die Wasserfläche umfaßt 47,6 qkm. Ursprünglich war sie fast doppelt so groß, doch die Anschwemmungen der Ammer am Süd- und Nordufer des Sees führten immer mehr zur Verlandung.

Begleitet vom Geschnatter der Grau- und Kanadagänse, die ungeniert vom Promenierbetrieb auf den Grünflächen grasen, bummeln wir mit weitem Blick übers Wasser unter den uralten Prachtbäumen zurück zum Parkplatz.

Gehzeit:	*ca. 3 - 4 Stunden;* kombinierbar mit Tour 23 bei Berührungspunkt in Herrsching, Kirche St. Martin auf dem Hügel, dann 5 - 6 Std.
Besondere Hinweise:	Leichte Strecke mit kurzer, kräftiger Steigung in Seefeld, sanfter in Widdersberg. Schatten nur zwischen Schloß Seefeld und Herrsching. Auch gut im Spätherbst, Bäume sollten laubfrei sein.
Ausgangspunkt:	Am nördlichen Ortsanfang von Herrsching, Parkplatz am See.
Einkehrmöglichkeiten:	Schloßbräustüberl Seefeld, (meist Sonntag und Montag Ruhetag, Dienstag bis Samstag ab 18 Uhr geöffnet, zur Sommersaison Sonntag ab 13 Uhr warme Küche, dafür Montag und Dienstag Ruhetag) Biergarten; mehrere Gasthäuser in Herrsching; vorsichtshalber Brotzeit mitnehmen.
Baden:	Strandbad Hechendorf am Pilsensee, Strandbad in Herrsching am Ammersee.

Tour 5

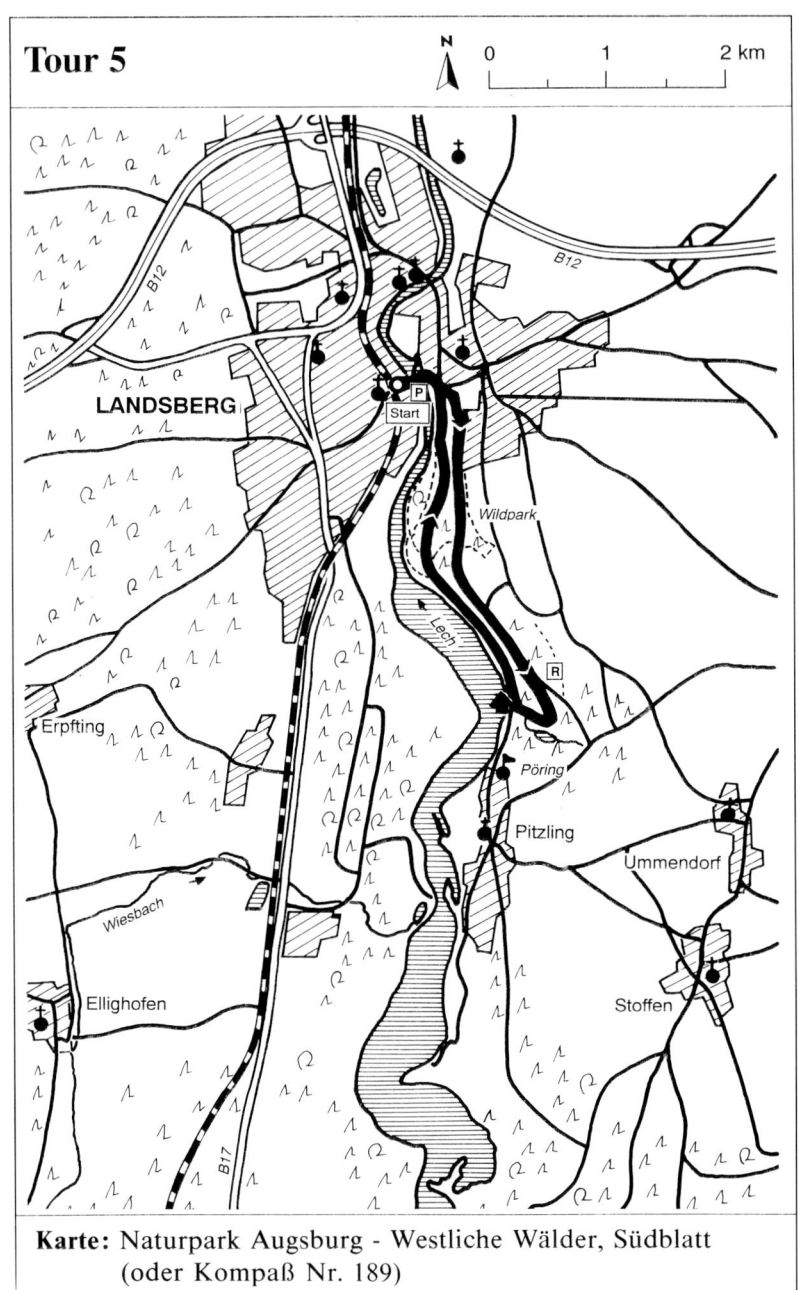

N   0   1   2 km

LANDSBERG

Start

Wildpark

Lech

R

Erpfting

Pöring

Pitzling

Ummendorf

Wiesbach

Ellighofen

Stoffen

B12

B12

B17

Karte: Naturpark Augsburg - Westliche Wälder, Südblatt
(oder Kompaß Nr. 189)

Tour 5

Mit Brötchen und Zehnpfennigstück durch den Landsberger Wildpark

Eine Attraktion für Kinder ist der Landsberger Wildpark

Ein Wildschwein macht noch keinen Sommer, vielleicht aber einen gelungenen Sonn- oder Ferientag mit Ihren Kindern. Die Wanderung ist nicht allzu lang, so daß auch die Kleineren oder die Wanderunlustigen ihren Spaß haben werden. Packen Sie ein paar alte Brötchen und ein Zehnpfennigstück mit ein, und dann kann's losgehen, in Landsberg an der Karolinenbrücke.

Zwischen Lechufer und Steilhang breitet sich der alte Stadtkern von Landsberg aus. In dieser geschützten Lage lebten bereits Menschen, bevor die Stadt als solche entstand. Bei Grabungen auf dem Schloßberg wurden Überreste einer bronzezeitlichen Siedlung (ca. 1650 v.Chr.) gefunden, die einer Brandkatastrophe zum Opfer gefallen war. Weitere Funde stammen vor allem aus der Römerzeit.

Sind die Quellen über die Stadtgründung auch mangelhaft, ist doch sicher, daß um 1160 Heinrich der Löwe hier eine Burg baute, die alsbald als "Landespurch" oder "Landesperch" in den Annalen Niederschlag fand. Herzog Ludwig der Strenge von Bayern legte Mitte des 13.Jh. die Stadt an, die ihren Aufstieg im 14./15.Jh. hauptsächlich der Straßenkreuzung verdankte, auf der sich sowohl der Italienhandel als auch die Salztransporte trafen.

Nach dem Dreißigjährigen Krieg erlebte Landsberg einen neuerlichen Aufschwung, was vor allem die künstlerisch hochwertigen Bauten dokumentieren. Sehenswert sind der Hauptplatz (siehe Tour 10) mit dem auch Schmalzturm genannten Schönen Turm, dem Marienbrunnen und dem Alten Rathaus, dessen Fassade Dominikus Zimmermann 1718-20 mit dem prächtigen Stuck versah, die Stadtpfarrkirche mit ihrem schier unerschöpflichen Kunstreichtum, die Dominikanerinnen- und die Johanneskirche, die ehemalige Jesuitenkirche Heilig-Kreuz und ganz einfach die Stadt selbst. Die alten Befestigungsanlagen mit 5 Tortürmen, acht Wehrtürmen und 19 Schalentürmen sind noch in wesentlichen Teilen erhalten. Herausragend ist das im Jahr 1425 als Abschluß des großen Stadtmauerrings erbaute, 36 Meter hohe Bayertor, eines der schönsten Stadttore in ganz Oberbayern, von dem sich ein prächtiger Rundblick über Stadt und Land bis zu den Alpen bietet (geöffnet Montag bis Freitag 10-12 Uhr und 15-17 Uhr, Samstag und Sonntag 10-12 Uhr und 14-17 Uhr).

Ist Landsberg auch über die ursprünglichen Mauern hinausgewachsen, hat es sich doch selbst als Große Kreisstadt den nötigen Charme bewahrt, um Vergangenheit und Gegenwart in Einklang zu bringen. Die Lage inmitten eines historisch wie kunstgeschichtlich überaus interessanten Gebietes, macht die Stadt am Lech zum idealen Ausgangspunkt für allerlei Unternehmungen, die z.B. mit einer Stadtführung beginnen könnten.

(Städt. Fremdenverkehrsamt Landsberg, Tel. 08191/128245)

Am flußaufwärts linken Ufer gehen wir ins "Klösterl", an hübschen Altstadthäusern vorbei geradenwegs in den Hof zum Aquarium mit den riesengroßen Lechfischen. Hier brauchen Sie das Zehnpfennigstück für Licht und Futter, damit Sie die seltenen Prachtexemplare gebührend bestaunen können.

Nachdem sich die erste Aufregung der Kinder gelegt hat - ein paar Zehnerl wird's schon noch gekostet haben! - folgen wir dem "Wildparkweg" nur ein paar Meter und erklimmen, gleich nach dem Bächlein links, über die Treppen-Weg-Anlage die Hochkante. Stehen die Bäume noch nicht im Laub, gewähren sie einen hübschen Blick über Landsberg und auf den Lech. Der schmale Weg führt ein Stück auf der Höhe entlang zu einem

*Ein Stadtrundgang durch Landsberg ist immer lohnend,
hier die Hl. Kreuz-Kirche mit Museum.*

Gittertürchen, durch das wir abwärts in den Wildpark wandern. Ab hier muß "Waldi" an die Leine, denn das Wild läuft in dem großen Gelände tatsächlich frei herum. Wir nehmen den linken Weg, dann schlängelt sich der Waldlehrpfad geradeaus am Hang entlang. Zwischen den Bäumen stehen Mufflons und beäugen uns interessiert, bis wir durch das nächste Gattertor ihr Revier wieder verlassen.

Auf dem breiten Forstweg aufwärts, kommen wir zur Wegekreuzung mit der großen Pilztafel. Ab hier folgen wir dem blauen "L" mit der Welle drunter, dem Zeichen des Lech-Höhenwegs, rechtshaltend durch den Wald. Ein schöner Blick öffnet sich über die Lechschleife bei Pitzling und ein Pavillon mit Rastplatz unseren Rucksack. Gleich danach geht es rechts hinab in die kleine Schlucht mit dem Staubecken. Wir überschreiten den Damm und mögen fast an die Sage vom früheren Treffpunkt der Hexen und Druden, Wichtel und Holzweiblein glauben, als wir dem munter plätschernden Bächlein hinunter folgen zur "Teufelsküche", die all diejenigen gastlich empfängt, die sich noch nicht an die alten Brötchen fürs Wild gehalten haben.

Kunstinteressierte können nach links einen Abstecher machen zum nahen Schloß Pöring, das 1885-91 neugotisch umgebaut wurde, aber noch Teile des ursprünglichen Baus aus dem 15./17.Jh. enthält. In Privatbesitz,

35

ist es nicht zugänglich, wohl aber die Schloßkapelle (im nahen Haus Nr. 3 gibt's den Schlüssel), mit deren Bau Dominikus Zimmermann 1739 begann. Die phantasievoll dreigeteilten Fenster lassen viel Licht in den rechteckigen Raum mit dem Chor, einer Dreikonchenanlage. Zimmermann wirkte nicht nur als Architekt, sondern auch als Stukkator und Maler, der in diesem Kirchlein die einzigen von ihm bekannten Deckenfresken schuf.

Rechts begeben wir uns direkt am Lech entlang auf den Rückweg. Blaumeisen turteln zwischen den Haselkätzchen, Sonnenstrahlen tanzen glitzernd übers Wasser, weiße Schwäne gründeln nach Futter, und durchs breite Gittertor betreten wir noch einmal den Wildpark. Rechtshaltend, kommen wir zu den freien Wiesen, auf denen das Damwild handzahm am Weg steht und auf die trockenen Semmeln wartet. Im Wildschweingehege tummeln sich noch ein bißchen wackelig die ersten Frischlinge, und in der Vogelvoliere schlägt der blaue Pfau sein Rad.

Wir passieren die Kneippanlage, in der Sie Ihre Füße einem Härtetest unterziehen können, laufen auf breitem Weg unter dem zusammengebackenen Nagelfluh der Steilkante durch den Wald und verlassen durch ein Türchen endgültig den Wildpark. Kurz drauf treffen wir auf unseren Hinweg und sind auch schon zurück an der Lechbrücke. Von hier ist es nicht weit zum Landsberger Wellenbad und damit zu einem rundum glücklichen Kindertag.

Gehzeit:	*ca. 2 - 3 Stunden.*
Besondere Hinweise:	Eine kurze, vergnügliche Wanderung, die durch die Tiere vor allem für Kinder interessant ist. Im Bereich des Wildparks teilweise Schatten. Kurzer, steiler Anstieg zu Beginn der Tour. Auch sommer- und herbstgeeignet.
Ausgangspunkt:	Karolinenbrücke in Landsberg, Ostufer; Parkplätze flußabwärts auf der Westseite.
Einkehrmöglichkeiten:	"Teufelsküche" am Schluchtausgang mit kleinem Biergarten (Montag Ruhetag); mehrere in Landsberg. Rastplatz oberhalb der Teufelsküche.
Baden:	Inselbad in Landsberg, geöffnet 15.5.-15.9., 8-19/20 Uhr.

II. Sommer

In der Zeit der brütenden Hitze, vor allem um die "Hundstage" Ende Juli, flüchtet der Mensch an die Seen oder in die Schwimmbäder, der Wanderer in den schattigen Wald. Manchmal läßt sich auch beides verbinden, Wald und Wasser, Letzteres oft veredelt im gemütlichen Biergarten. Unter diesen Gesichtspunkten sind die nun folgenden Touren entstanden, für die Dauer der warmen Tage und der lauen Nächte, in denen Sternschnuppen vom Himmel fallen.

Während zur Sommersonnenwende die Kirche mit dem Johannistag den Geburtstag von Johannes dem Täufer ehrt, besiegeln Burschen und Mädchen nach altem Brauch mit einem Sprung durchs Sonnwendfeuer Liebe und Eheglück. Dabei haben die überall auf den Höhen entzündeten Johannisfeuer eigentlich nichts mit dem Heiligen zu tun, sie gehen vielmehr auf die heidnischen Mittsommerfeuer zurück; das Umtanzen und Überspringen der lodernden Flammen war ein alter Reinigungskult.

Der Erntegott Thor mag ein wenig Pate gestanden haben für den Schutzheiligen der Landwirte, Apostel Jakobus d.Ä., dessen Gebeine in Santiago di Compostela aufbewahrt werden und dessen Namenstag am 25. Juli gefeiert wird. Nach ihm heißen die ersten Frühkartoffeln, die auf den Markt kommen "Jakobskartoffeln". Und nicht nur die Bauern schauen im Sommer sorgenvoll zum Himmel. Immerhin ist am 27. Juni Siebenschläfertag, der an die Einmauerung und Wiederauferstehung von sieben Brüdern während der Christenverfolgung erinnert. Regnet es an diesem Tag, öffnet der Himmel noch 40 weitere Tage seine Schleusen, ein Volksglaube, der zum Glück nicht immer zutrifft; denn:

Auch der Wanderer streckt seine Füße gerne mal ins sommerwarme Gras.

Tour 6

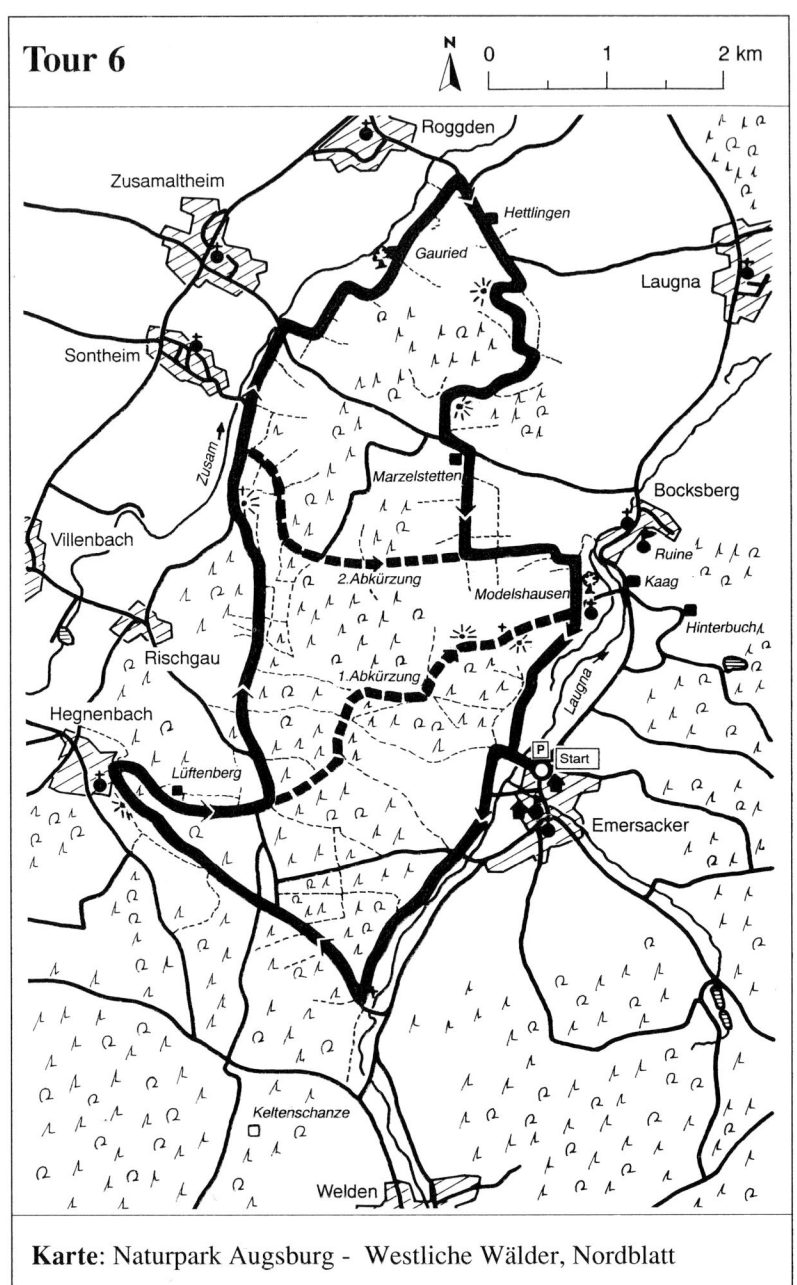

N

0   1   2 km

Zusamaltheim

Roggden

Hettlingen

Gauried

Laugna

Sontheim

Zusam

Marzelstetten

Bocksberg

Villenbach

Ruine

2.Abkürzung

Kaag

Modelshausen

Hinterbuch

Rischgau

1.Abkürzung

Hegnenbach

P Start

Lüftenberg

Emersacker

Keltenschanze

Welden

Karte: Naturpark Augsburg - Westliche Wälder, Nordblatt

Tour 6

Viel Einsamkeit zwischen Laugna- und Zusamtal

Wollen Sie dem städtischen Lärmen und Treiben für einen Tag entfliehen, empfiehlt sich der "Holzwinkel" im nördlichen Teil des Augsburger Naturparks. Längere Sonnen- und Schattenstrecken wechseln einander ab, Brotzeit mitzunehmen ist empfehlenswert, allerdings sind die Bänke am Weg dünn gesät, ein Zeichen, daß dieses Gebiet wandermäßig noch nicht übererschlossen ist. Aber einen trockenen Grasfleck oder einen Baumstamm werden Sie schon finden.

Die Rundtour beginnt im Laugnatal in Emersacker, und zwar an der Bushaltestelle beim Gasthof "Im Holzwinkel", den Autofahrer - immer der Richtung "Wertingen" folgend - am nördlichen Ausgang von Emersacker finden.

Das Laugnatal wurde während der ersten Rodungsperiode bis zum Ende des 9.Jh. vom Zusamgebiet her als Siedlungsraum erschlossen.

Emersacker im Holzwinkel schmückt sich mit einem fugger´schen Schloß.

Emersacker entstand aus einem Einzelgehöft und kam im Jahr 1613 aus dem Besitz des Friedrich Schertlin von Burtenbach durch Verkauf an die Fugger. Das ehemalige Fuggerschloß, auf das wir gleich nach dem Ortsbeginn zufahren, stammt ebenfalls aus dem 17.Jh. Langhaus und Chor der Pfarrkirche St. Martin wurden 1717 erbaut.

Südlich von Gasthof und Haltestelle weisen Wanderschilder in die "Schmiedgasse". Wir halten uns rechts, überqueren die Laugna und nehmen bei der Birkengruppe links den Feldweg auf. Geradeaus traben wir auf der Teerstraße entlang, kreuzen die nächste zum Feldweg schräg gegenüber und finden ein Gehege mit Damhirschen. In dem offenen, sonnigen Tal hat man das Bächlein ein Stück naturbelassen; von alten Bäumen umstanden, windet es sich durch die Wiesen. Unser Weg hält sich bald an den Waldrand, durchschneidet kurz das Gehölz und trifft auf eine Kreuzung mit einem holzgeschnitzten Kruzifix.

Hier wenden wir uns rechts aufwärts und folgen nun dem blauen Andreaskreuz des Schwäbisch-Allgäuer Wanderweges wie auch den Schildern "Hegnenbach" durch das größere Waldstück. Einsam ist es hier, nur die Vögel zwitschern, ab und zu entdecken wir den Hufabdruck eines Rehs, und ein Zitronenfalter gaukelt sommerschwer über den lichten Waldboden. Unter dem Lerchenberg geht es etwas erhöht über dem lieblichen, zum Teil mit alten Birken bestandenen Talboden dahin, während uns ein munteres Meisenvölkchen vom Kiefernsaum bis zu den alten Eichen und Buchen kurz vor Hegnenbach begleitet.

Auffallend ist in der alten Köhler- und Ziegelbrennersiedlung die Pfarrkirche St. Georg, die 1880/81 anstelle einer älteren Kirche entstand. Sie ist die einzige, unverändert erhaltene Backsteinkirche neugotischen Stils im Zusamtal. Hegnenbach war früher Sitz eines Ortsadels, der westlich auf dem mittelalterlichen Burgstall "Haseck" residierte.

Wir gehen noch den Teerweg weiter bis zur Straßenbezeichnung "Lüftenberg", müssen rechts in kurzem Anstieg den Kfz-gesperrten Weg hinauf und kommen geradeaus an den Viehkoppeln des Lüftenberg-Hofes vorbei. Das folgende Waldstück durchwandern wir ebenfalls geradeaus bis zur Teerstraße; auf dieser links, stehen wir vor einem Militärdepot. Den Wachhunden sagt die Witterung scheinbar nicht, daß unser Hund ausnehmend friedliebend ist, sie vollführen einen Heidenlärm.

Wer genug hat, nimmt hier die 1. Abkürzung:

Ein paar Meter rechts in den Wald und den nächsten Weg links, geht es auf dem Weg mit Kfz-Sperrschild neben einem scheinbar nicht mehr durchflossenen Bachgraben leicht abwärts; auf dem Querweg weiter links bergab, folgen wir diesem ständig bis zum nächsten Querweg mit der alten

Futterkrippe. Nun links und gleich drauf rechts, hält sich der Weg an den Waldrand über dem hübschen Wiesental mit Blick hinüber nach Marzelstetten. Es geht nochmal bergauf, und nach dem Waldende erwartet uns endlich die lang ersehnte Rastbank mit schönem Blick auf Bocksberg. Hinab nach *Modelshausen* und gleich rechts, dürfen Sie hier wieder in die Tour einsteigen.

Eine prächtige Linde steht vor der Kirche von Modelshausen.

Weiter mit Gesamttour:
Sind Sie noch gut zu Fuß, begleiten Sie nach links zunächst die Teerstraße, dann den ungeteerten Weg bis zum Zaunende und gehen geradeaus am Waldrand weiter. Bei guter Sicht, die im Sommer in den Flußtälern allerdings selten ist, haben wir nun einen netten Blick über die sanften Hügel des Zusamtals. Die Kühlwolken von Gundremmingen sind dagegen eher zu sehen. Verträumte Wiesen, Wald und Felder wechseln, bevor ein stark abfallendes Teersträßchen hinunterführt zu einem prächtigen Ausblick auf Sontheim und Zusamaltheim und schließlich ins Zusamtal.

Rechts auf dem Querweg, oberhalb des baumbestandenen Baches, treffen wir bei den Verkehrsschildern auch auf die braune Markierung für den "Zusam-Radwanderweg" (im "Augsburger Radelbuch" beschrieben) und haben hier die

Möglichkeit zur 2. Abkürzung:

Scharf rechts geht es erst sanfter, dann wieder steiler hinauf, am Feld mit den alten, numerierten Obstbäumen vorbei. Ein schöner Rückblick öffnet sich, bevor wir den Wald betreten. Nach dem Schuttplatz bei den vielen Wegen in Linkskurve weiter, steigt der Forstweg immer noch etwas an und führt links aus dem Wald geradeaus in die Felder. Nun halten wir uns an das grün-weiße Wanderschild "Rund um das Roggdener Hartholz". Beim Hochstand marschieren die grünen Wandermännchen geradeaus durch das nächste Waldstück und vom Rand geradeaus weiter, den Feldweg auf dem aussichtsreichen Rücken direkt auf Bocksberg zu. Links aus der Senke mit dem Flurkreuz am Bach kommt unser Hauptweg von *Marzelstetten* herüber, und ab der Kreuzung auf der Höhe geht es gemeinsam weiter, für Sie geradeaus.

Weiter mit Gesamttour:

Auf die "Weitwanderer" kommt nun ein längerer sonniger Abschnitt zu. Geradeaus halten wir uns an die braunen Radwegschilder und erreichen die Zusambrücke, die nach Sontheim führt, bleiben davor jedoch rechts und vergnügen uns am Flußübergang nach Zusamaltheim dafür gleich mit beiden Brücken: Auf der neuen geht es hinüber, auf der alten wieder zurück, der rechten Radlvariante nach.

Zusamaltheim war in alemannischer Zeit Urmark, von der aus die umliegenden Bereiche besiedelt wurden. Bis zum Ende des Alten Reiches war der Ort als Sitz eines Obervogteiamtes des Domkapitels Augsburg Verwaltungsmittelpunkt. Die Pfarrkirche St. Martin mit dem wuchtigen Turm bildete einst das kirchliche Zentrum der Umgebung.

Auf dem querlaufenden Feldweg links, wird's nach der Rechtskurve etwas hügelig, bis wir, der Linkskurve nach, bei den Häusern von Gauried angelangen. Davor steht eine uralte Eiche mit etwa 6 Metern Umfang, ein Prachtbaum, der es lohnt, bestaunt zu werden. Noch bis zur Autostraße, die über die Zusam nach Roggden verläuft, trennen wir uns hier von den Radwegschildern und wenden uns rechts aufwärts nach Hettlingen. Viele Wanderer scheinen nicht vorbeizukommen, denn für die Dorfhunde ist unsere Anwesenheit recht aufregend. Ihr Gebell begleitet uns bis zum Ortsausgang, wo wir uns geradeaus an das Schild "Bocksberg, Marzelstetten" halten. Aus dem Hohlweg laufen wir in enger Rechtskurve dem grün-weißen Wanderschild "Rund ums Roggdener Hartholz" entgegen.

Nach dem eingezäunten Gelände ein Stückchen bergab, schauen wir auf das lieblich ins grüne Tal gebettete Zusamaltheim, und an der Waldecke so gut wie weglos links, kommen uns die grün-weißen Männchen ebenfalls entgegen. Am Waldrand hoch und an diesem weiter, haben wir wieder Wegähnliches unter den Füßen, bleiben abwärts am Rand und auf dem Querweg links, an der nächsten Ecke rechts. Anschließend durchmessen wir ein kurzes Stück die Bäume. Am Ende rechts, schweift unser Blick nun über Marzelstetten ins Laugnatal, während uns die Linkskurve direkt auf das Kirchlein des kleinen Ortes hinzuführen scheint.

Der Weiler Marzelstetten soll seinen Ursprung in einem römischen Gutshof haben. Bekannt ist seine uralte "Wallfahrt zu den drei Marzellern": Marzellus, Marzellinus und Marzellianus.

Auf der Hauptstraße kurz links, sehen wir als nächstes rechts wiederum das bekannte Wanderschild. Der Feldweg führt durch zwei Bachsenken, erst am Teich, dann am Flurkreuz vorbei auf den Rücken, wo wir an der *Kreuzung mit Abkürzung 2* zusammentreffen und nun links abwärts gehen, direkt auf Bocksberg zu, dessen Ruine auf dem gegenüberliegenden Hügel im Sommerlaub so gut wie verschwindet.

Bocksberg wurde 1190 erstmals erwähnt und gehörte einst zur Urmark Laugna. Südlich des Ortes findet sich auf dem Buschelberg ein mittelalterlicher Turmhügel. Eine Zeitlang war es Sitz der Marschälle des Hochstifts Augsburg und wurde 1613 an die Fugger verkauft.

Die oberhalb des Ortes gelegene Burg Bocksberg beherbergte im 13. und 14. Jh. ein Rittergeschlecht. Anschließend war sie im Besitz verschiedener Patrizierfamilien, zuletzt der Fugger. Nach mehrfachen Zerstörungen ist sie heute nur noch Ruine.

Links am eingezäunten Gehölz entlang und an dessen Ende rechts, folgen wir unten dem hübschen Tal links bis - es geschehen noch Zeichen und Wunder! - zur Rastbank beim Flurkreuz. Doch jetzt haben wir auch unseren Stolz, schon wegen der Harzflecken in der Hose. So halten wir uns gleich rechts an das Teersträßchen. Es bringt uns nach Modelshausen mit der ebenfalls wunderschönen alten Eiche an der Friedhofsmauer. An diesem Punkt nehmen wir nun die *"Kurzwanderer Nr.1"* wieder in unseren Kreis auf.

Südwestlich von Modelshausen liegt auf dem Reitenberg ebenfalls ein mittelalterlicher Burgstall.

Die Pfarrkirche St. Peter und Paul, vor der eine nicht minder bewundernswerte Linde steht, wurde 1721/22 vollständig erneuert.

Nachdem wir sozusagen wieder "alle beisammen" haben, geht es an der Friedhofskurve geradeaus in den "Riedweg" und damit südlich aus dem Ort. Der Feldweg schlängelt sich durch die Wiesen, und zwei Graureiher schwingen sich vorsichtshalber in die sichere Luft. Der Fisch schwimmt später auch noch in der Laugna, die das offene Tal durchfließt. Nett ist der Rückblick auf Modelshausen, während wir hungrig und durstig auf Emersacker zuwandern, kurz vor der Laugnabrücke auf den Hinweg treffen und nun links zurückkehren zur Bushaltestelle, die freundliche Menschen beim Gasthaus plaziert haben.

Gehzeit:	*ca. 5 1/2 - 6 1/2 Stunden;* Abkürzung 1: ca. 3 - 3 1/2 Stunden, Abkürzung 2: ca. 4 - 4 1/2 Stunden.
Besondere Hinweise:	Hügelige Strecke mit manchmal stärkeren, aber kurzen Steigungen. Längere Sonnen- und Schattenstücke wechseln, im Sommer einen nicht zu heißen Tag wählen. Auch schöne Frühjahrs- oder Herbsttour, Wege sollten abgetrocknet sein.
Ausgangspunkt:	Emersacker im Laugnatal, Bushaltestelle beim Gasthof "Im Holzwinkel" am nördlichen Ortsausgang.
Einkehrmöglichkeiten:	in Zusamaltheim, etwas abseits der Strecke Gasthof "Magg" (Samstag Ruhetag; Sonntag ab 9 Uhr geöffnet, sonst erst ab 17 Uhr); in Emersacker: "Bräustüble" im Schloß, (Samstag, Sonn- und Feiertag ab 10 Uhr geöffnet, wochentags ab 17.30 Uhr), italienische Küche; am Ausgangspunkt Gasthof "Im Holzwinkel" (Montag Ruhetag). Brotzeit für unterwegs mitnehmen!

Tour 7

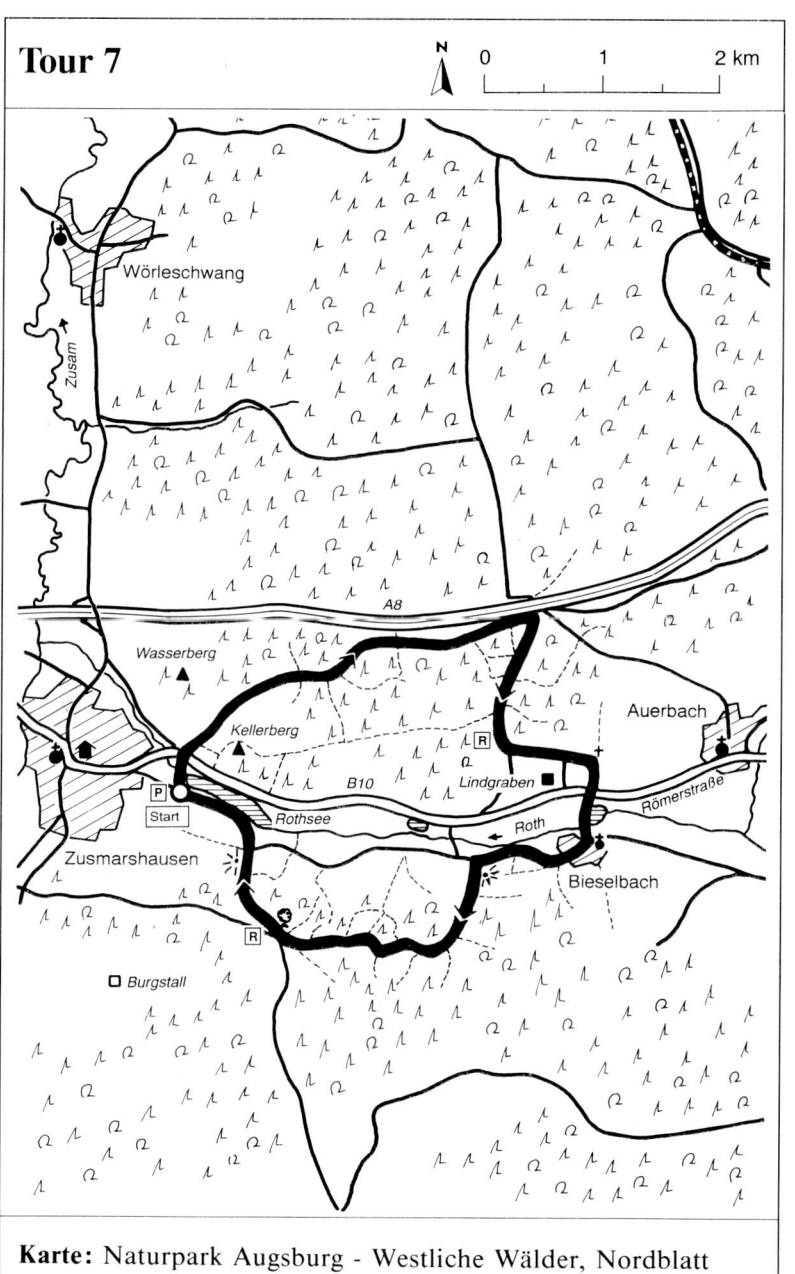

Karte: Naturpark Augsburg - Westliche Wälder, Nordblatt

Tour 7

Badefreuden und Kunstgenuß im Tal der Roth

Von dem hübschen Rothsee vor den Toren von Zusmarshausen wandern wir diesmal durch schattige Wälder zu einem bedeutenden Kunstwerk. Die Strecke ist nicht allzulang, so daß Ihnen noch ausgiebig Zeit zum Schwimmen bleibt. Direkt am See findet sich ein großer Parkplatz, den Nichtmotorisierte von Zusmarshausen aus ebenso leicht erreichen können. Von der Ortsmitte bei der Kirche gehen Sie vor dem Gasthof "Post" links und bei der Schreinerei geradeaus in die "Richtstattstraße".

Die Marktgemeinde Zusmarshausen wird erstmals im Jahr 892 urkundlich erwähnt, doch dürfte ihr Ursprung bereits im 8.Jh. liegen. Einst führte die Römerstraße Augsburg-Günzburg durch das Rothtal und überquerte hier die Zusam. Ein Teil schien den Markgrafen von Burgau, der größere Teil jedoch den Bischöfen von Augsburg zu gehören. Bereits 1295 wird Zusmarshausen als Markt bezeichnet, Kaiser Luwig der Bayer verlieh ihm 1337 Bann und Gericht. Während des bischöflichen Pflegamtssitzes 1395-1803 ließ Bischof Heinrich von Lichtenau 1505 das Schloß bauen, in dem heute das staatliche Forstamt untergebracht ist. Das Heimatmuseum befindet sich im ehemaligen Amtsgericht. Die Geschichte vermerkt noch, daß die letzte Schlacht des 30jährigen Krieges bei Zusmarshausen geschlagen wurde, und zwar am 17. Mai 1648.

Die Pfarrkirche St. Maria war eine spätgotische Anlage und wurde Ende des 17.Jh. umgebaut. 1939-44 erhielt sie ein neues Langhaus, 1980 wurde der Chorraum neu gestaltet.

Der traditionsreiche Gasthof "Post" sah viele gekrönte Häupter: Napoleon I., der hier im Oktober 1805 den Plan zur Schlacht bei Elchingen ausarbeitete, die Zaren Nikolaus I. und Alexander II., bayerische Könige, den Fürsten Metternich und zuletzt im Jahr 1989 den Schwedenkönig Carl XVI. Gustaf.

Vom Parkplatz gehen wir Richtung See und davor links über den Damm, suchen uns schon mal den Badeplatz für nachher aus und benützen an der großen Kreuzung (Vorsicht!) den Weg schräg gegenüber, um in das sonnendurchflutete Tal hineinzulaufen. Bei den zwei alten Eichen bleiben wir auf dem Hauptweg, der unterhalb der Zusamklinik langsam aufwärts zieht, an der nächsten Kreuzung geradeaus. Ein paar verschreckte Rehe springen vor uns über den Weg, bevor wir, an der Rastbank mit den Gartenblumen geradeaus, den Wald betreten.

Im Sommer lädt der Rothsee bei Zusmarshausen zum Baden ein.

Wir halten uns nun immer an den Hauptweg und die Schilder "Streitheim". Ein Berglein gilt es zu bezwingen, bevor der breite Forstweg mal näher, mal etwas weiter entfernt, parallel zur Autobahn verläuft. Am grünen Dreieck mit der Linde können Sie links auf der Brücke über der Autobahn kurz nachsehen, wie weit der Stau gediehen ist, ansonsten halten wir uns "bremspedalerlösten" Fußes bei der Linde scharf rechts an das Schild "Lindgraben" und immer geradeaus bis zum Brotzeitplatz. Staufrei geht es geradeaus weiter, der Waldrand gewährt einen hübschen Blick übers wellige Land nach Horgau.

Vor dem Gehöft die Teerstraße links abwärts, kommen wir zu einer birkenumstandenen Rastbank, von der wir auf Bieselbach schauen, und den Feldweg geradeaus weiter, taucht nun auch die Kirche von Auerbach aus den Hügeln auf. Den nächsten Feldweg müssen wir rechts hinunter, die Autostraße kreuzen (!) und an den Fischteichen vorbei, auf denen auch die selteneren schwarzen Schwäne stolz den Hals mit dem roten Schnabel recken. Feinschmecker können hier frische Forellen kaufen, Kunstinteressierte werden die kleine Kapelle aufsuchen, die wir geradeaus im Ort finden.

Das denkmalgeschützte Kirchlein wurde 1747 von einem der Brüder Dossenberger aus der berühmten Baumeisterfamilie der Dossenberger von Wollishausen errichtet. Es birgt den kostbaren holzgeschnitzten Altar des Ulmer Meisters Daniel Mauch, dessen Entstehung unter verschiedenen

Als bedeutendes Kunstwerk gilt der holzgeschnitzte Altar in Bieselbach

Lesarten auf das Jahr 1510 datiert wird und der unter allen Kunstwerken im Landkreis größte Beachtung findet. Einigkeit besteht jedoch darüber, daß der Flügelaltar aus der Horgauer Schloßkapelle und damit aus dem Besitz der Familie von Rehlingen stammt, denen das 1813/14 abgebrochene Schloß seit dem 16.Jh. gehörte. Das Wappen der Rehlinger Patronatsherren ist im Altar zu finden.

Das Thema des Altars wurzelt in der gegen Ende des Mittelalters immer stärker werdenden Anna-Verehrung, die zu den Anna-Selbdritt-Darstellungen führte und als theologischen Hintergrund die Anerkennung der Unbefleckten Empfängnis Marias hatte, obwohl die Bibel den Namen Anna nicht kennt. Deutlich wird Maria kleiner als Anna und als junges Mädchen dargestellt, zu denen sich das Jesuskind gesellt. Die Hauptfiguren im Mittelschrein sind umrahmt von der übrigen heiligen Sippe, deren Gesichter, Haltung und der Faltenwurf der Gewänder die Meisterhand von Daniel Mauch zeigen. Quellenwert haben die Figuren auch für die Geschichte der Kleidung des Bürgertums und der Kinder.

Von der Kapelle folgen wir rechts der "Daniel-Mauch-Straße" und dem Schild "Rothsee", bis gegenüber der Kfz-Werkstatt die erste Straße links abzweigt. Ihr nach und den nächsten Feldweg rechts, der hinaufzieht zu einem Wäldchen mit schönem Weitblick über das Tal der Roth bis zu den Antennen auf dem Staufersberg, während wir scheinbar auf den Kirchturm von Zusmarshausen zulaufen. Wir treffen auf ein Teersträßchen und durchqueren links geradenwegs ein kurzes Waldstück, dann eine einsame Wiese und verschwinden wieder für längere Zeit im erfrischenden Schatten der Bäume.

Erst geradeaus, halten wir uns an die Schilder "Dinkelscherben, Zusmarshausen über Horn", um bei der Gabelung den rechten Weg zu nehmen und weiterhin rechts der Markierung nachzugehen. Bei der erneuten Wegeteilung weisen uns die schwarz-weißen Männchen wiederum rechts. Wir befinden uns im Heiligenholz, bleiben immer auf dem Hauptweg, der nochmal einen Rechtsbogen beschreibt und sich durch teils schönen Buchenwald hinaufschlängelt zur Höhe bei der Kiesgrube. Heute haben wir einen "Rechtsdrall", denn hier müssen wir abermals rechts.

Eine Zeitlang wandern wir auf der Höhe bis zum überdachten Rastplatz bei der ca. 300 Jahre alten Traubeneiche, und - wie könnte es auch anders sein - rechts geht es zum "Rothsee", erst sanft, dann steiler durch den Wald bergab, an dessen Ende sich ein schöner Blick auftut. Über die Kreuzung geradeaus, streben wir den Badefreuden entgegen. Sollte Grillduft in Ihre Nase steigen, die "Musi" spielen und Tarnnetze als Sonnenschutz über die Tische und Bänke am Südufer gespannt sein, dann feiert der Fischereiverein sein Rothseefest. Die köstlichen Forellen sollten Sie sich nicht entgehen lassen!

Gehzeit:	ca. 2 1/2 - 3 Stunden.
Besondere Hinweise:	Kürzere Strecke durch hügeliges Gelände mit viel Schatten, damit Zeit zum Baden bleibt. Wegen der vielen Laubwälder auch schön im Herbst oder Frühjahr, bei nicht allzuviel Schnee auch wintergeeignet.
Ausgangspunkt:	Parkplatz am Rothsee bei Zusmarshausen, Bushaltestelle im Ort.
Einkehrmöglichkeiten:	Mehrere gute Gasthäuser in Zusmarshausen. Unterwegs zwei schattige Rastplätze für die Brotzeit.
Baden:	Im Rothsee.

Tour 8

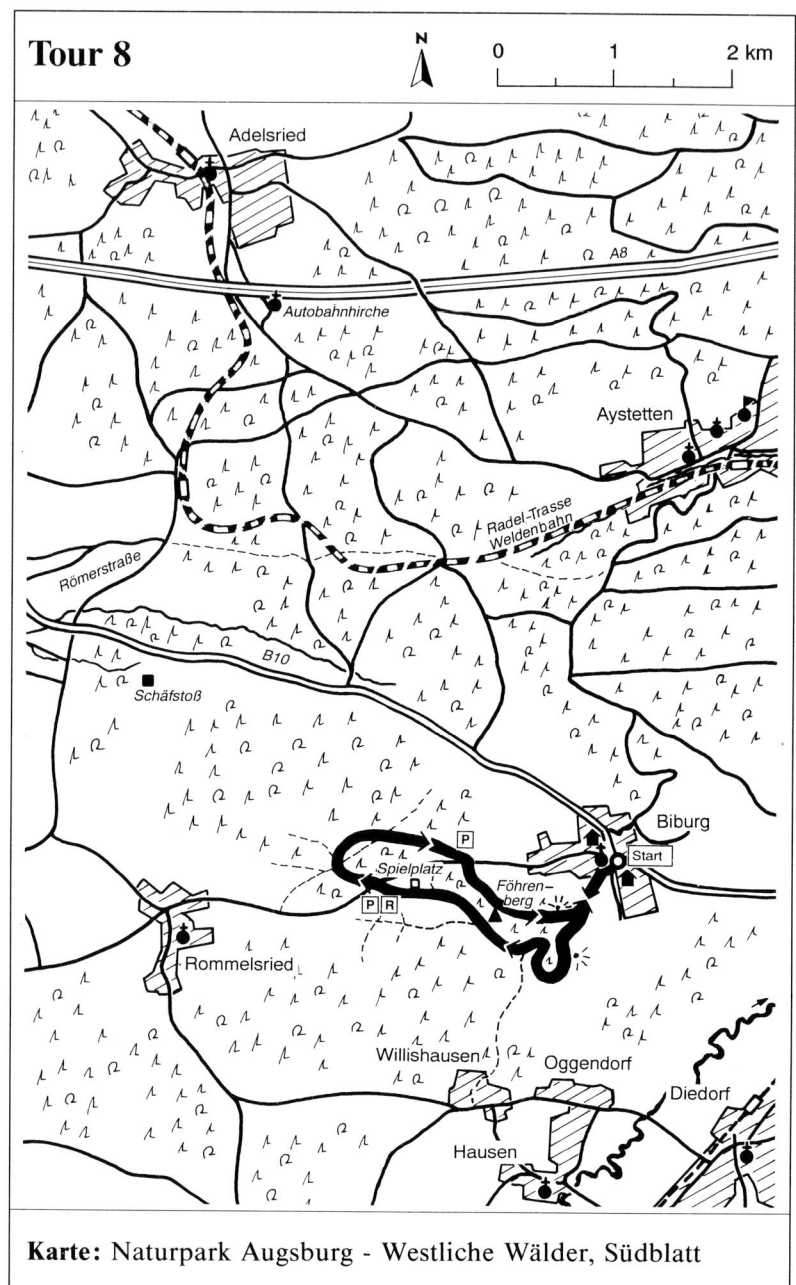

Karte: Naturpark Augsburg - Westliche Wälder, Südblatt

Tour 8

Spiel und Spaß zwischen Föhrenberg und Steineberg

Eine nette Familienwanderung, vor allem für Leute mit jüngeren Kindern, beginnt in Biburg beim Gasthof "Alte Post" (Bushaltestelle). Heute packen wir neben Getränken und der Brotzeit auch einen Ball mit ein, was für die Kinder bereits recht aufregend ist. Aber wir machen's spannend und verraten nichts.

Biburg ist eine Rodungssiedlung des 8./9.Jh., war zur Zeit der Markgrafen von Burgau Sitz eines Vogtes und befand sich bis 1803 im Eigentum des Augsburger St.-Moritz-Stiftes.

Die Pfarrkirche St. Andreas entstand im 13.Jh. und wurde ab 1738 mehrmals umgebaut, erweitert und verändert. Gestühl und Holzfiguren stammen aus dem 18.Jh., ebenso das Deckenfresko des Augsburgers Johann Baptist Anwander, das 1785 entstand.

An der "Alten Post" gehen wir geradeaus in die "Dorfstraße", folgen der Linkskurve und rechts der "Willishauser Straße" mit den Wanderschildern "Rommelsried, Willishausen" hinauf zum Wald mit dem Wasserbehälter. Geradeaus am von alten Bäumen flankierten Bildstöckel vorbei, werden wir mit einer schönen Aussicht von Westheim bis Diedorf belohnt, dessen minarettartige Kirche nicht so recht in die Landschaft und neben den Zwiebelturm passen will. Beim rechtsabbiegenden Radweg bleiben wir geradeaus am Waldrand, somit auf dem blaugekreuzten Zubringer zum Schwäbisch-Allgäuer Wanderweg und schwenken erst bei der nächsten Wegeteilung rechts. In langem Bogen zieht der stark begrünte Weg letztlich ein Stück nordwärts, um wieder auf den Radweg zu treffen.

Auf diesem links hinab, erwartet uns eine große Kreuzung, an der wir rechts den guten Forstweg wählen. Er bringt uns zur Überraschung des Tages, einem besonders großzügig und schön angelegten Spielplatz mitten im Wald. Jetzt kommt der Ball zu Ehren, denn beim Familien-Torwandschießen wird um einen Eisbecher gespielt: Den größten bekommt diesmal der Verlierer! Wie weit Sie sich mit den Kindern durch die Klettergerüste hangeln, mag mit Ihrer Tagesform zusammenhängen. Aber vielleicht erinnert es Sie daran, daß Sie schon längst mal regelmäßig Sport treiben wollten.

Nach der ausgiebigen Brotzeit am Rastplatz queren wir den Fohrenbergparkplatz und die Autostraße. Gleich gegenüber führt ein Fußweg weiter "Rommelsried, Rundweg im Forst Lindach". In der großen Rechtskurve verlassen wir die Beschilderung "Rommelsried", und der übernächste Weg links bringt uns, vorbei an einer Bank, wieder auf den Schwäbisch-Allgäuer Wanderweg. Dem blauen Kreuz folgen wir nun rechts, bewundern zwei herrliche alte Eichen und erreichen auf dem romantischen Weglein kurz drauf den Steinebergparkplatz. Über die Straße in den Kfz-gesperrten Weg, halten wir uns links an das Schild "Biburg". Auf der Höhe des Föhrenbergs bringt uns der angenehme Waldweg wieder zum Wasserbehälter. Kurz vorher sollten Sie noch die paar Schritte zum Waldrand gehen und einen Blick auf das wunderhübsch ins Tal gebettete Biburg werfen. Ansonsten kehren wir auf unserem Herweg zurück zu Gasthaus und Bus.

Diese durchweg schattige Runde ist ein netter Nachmittagsausflug oder eine gemütlich-kurze Wanderung für Senioren, die natürlich auch auf die Torwand schießen dürfen - notfalls, wenn es keiner sieht!

Lieblich in die Westlichen Wälder gebettet liegt Biburg

Gehzeit:	*ca. 1 1/2 - 2 Stunden.*
Besondere Hinweise:	Kurze Schattenrunde mit wenig Steigungen, auch für Frühjahr oder Herbst. Attraktion ist der Kinderspielplatz.
Ausgangspunkt:	In Biburg beim Gasthaus "Alte Post" mit Bushaltestelle.
Einkehrmöglichkeiten:	"Alte Post" in Biburg (kein Ruhetag), Gasthof "Zum Hirsch" bei der Kirche. Rastplatz am Spielplatz.

Tour 9

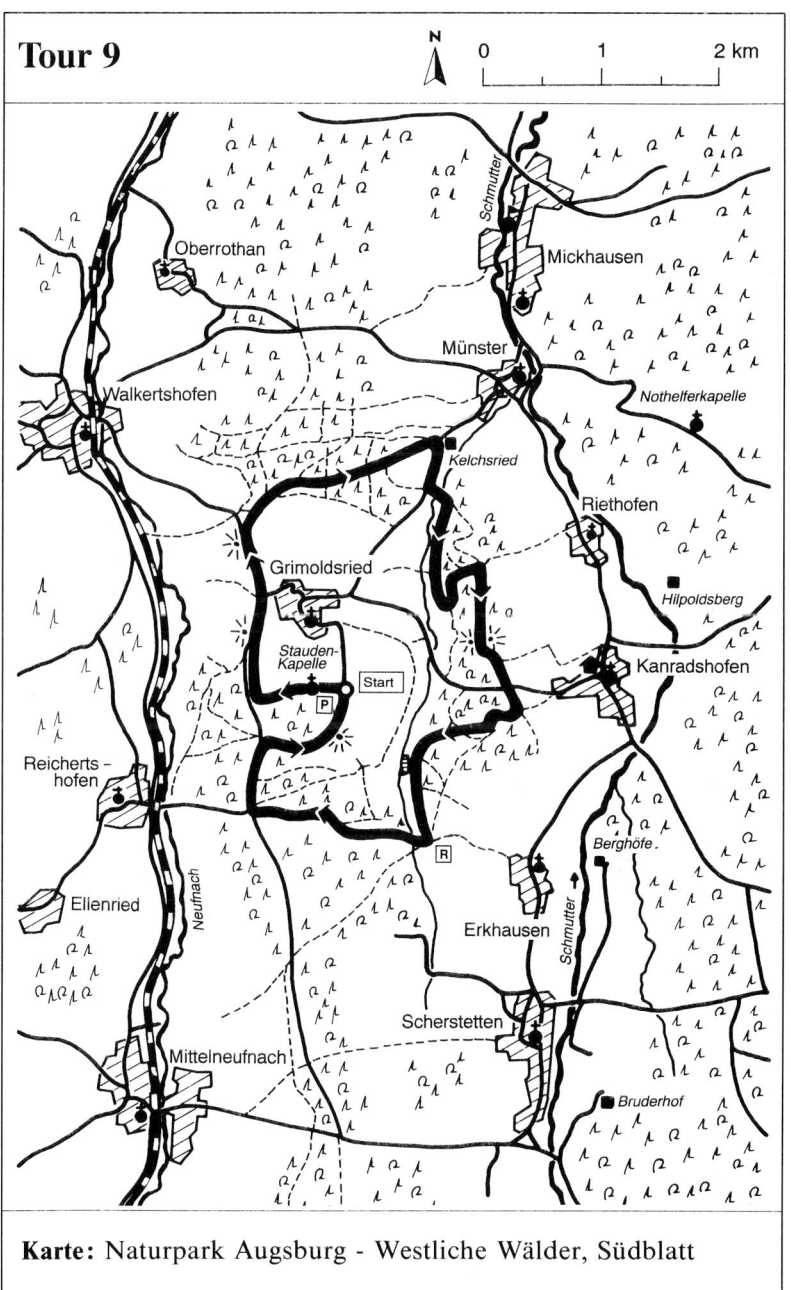

N

0　　　　1　　　　2 km

Oberrothan

Mickhausen

Schmutter

Münster

Nothelferkapelle

Walkertshofen

Kelchsried

Riethofen

Grimoldsried

Hilpoldsberg

Stauden-Kapelle

Start

P

Kanradshofen

Reichertshofen

Neufnach

Berghöfe

R

Ellenried

Erkhausen

Schmutter

Mittelneufnach

Scherstetten

Bruderhof

Karte: Naturpark Augsburg - Westliche Wälder, Südblatt

Tour 9

Rund um die Staudenkapelle

Die ganze Schönheit der Staudenlandschaft erleben Sie auf der Wanderung um die Staudenkapelle bei Grimoldsried. Täler und Höhen, Wälder, Felder und Bäche wechseln mit lieblichen Dörfern; das ist die richtige Umgebung, in der die "Seele baumeln" kann.

Nicht umsonst lag dem 1987 verstorbenen Landrat Dr. Franz Xaver Frey dieser Landstrich am Herzen, dessen Erholungswert er erkannt und nach Kräften gefördert hat. Aus diesem Grund wurde ihm auch in memoriam die hölzerne Staudenkapelle gewidmet, die 1983 auf seine Initiative hin errichtet wurde. Sie steht an einer Stelle, wo seiner Meinung nach "die Stauden am schönsten sind".

Als Ort der Besinnung und Erholung ist die Staudenkapelle gedacht

Gefertigt wurde das Holzgebäude von Zimmermannsschülern des Ausbildungszentrums der Handwerkskammer Schwaben in Kempten; Bauherr war der Verein "Naturpark Westliche Wälder". Ein halbes Jahr später konnte auch die Glocke geweiht werden, deren Anschaffung durch Spenden ermöglicht wurde. Die abgeschiedene Lage ist beabsichtigt, sollte doch damit ein Ort der Besinnung und Entspannung geschaffen werden und für die Wanderer eine Schutz- und Rasthütte.

Als "Stauden" wird der südliche Teil des Naturpark Augsburg - Westliche Wälder bezeichnet. Sie laufen im Gebiet zwischen Flossach- und Wertachtal spitz zu und werden im Norden von Ziemetshausen entlang der B 300 bis Augsburg eingegrenzt. Der Name stammt von dem nur mehr mit Buschwerk und Gesträuch bedeckten ehemaligen Waldland, in dem "die Gehölze und Forste an vielen Orten wüst abgetrieben und in schwere Unwesentlichkeit gebracht worden sind", wie in der Holzordnung des Heilig-Geist-Spitals von 1550 nachzulesen ist. Heute sind die Sünden aufgeforstet, stehengeblieben sind jedoch die wie von Künstlerhand zwischen Wiesen und Felder dekorierten Strauchgruppen, die Stauden.

(Fremdenverkehrsverband Naturpark Augsburg - Westliche Wälder, Rathaus, 8935 Fischach, Tel. 08236/1007)

Zur Anfahrt mit dem Auto folgen Sie in Grimoldsried den Wegweisern "Schweinbachhöfe, Staudenkapelle" in Linkskurve um die Kirche. Gleich hinter der Hügelkuppe am Wald finden Sie einen kleinen Wanderparkplatz. Busfahrer nehmen den gleichen Weg zu Fuß oder steigen in Konradshofen in die Tour ein und orientieren sich vom Ort westlich zum Wanderweg nach "Mittelneufnach".

Grimoldsried, das sich bis 1805 im Eigentum des Hospitalstifts Augsburg befand, besitzt in St. Stephan eine Pfarrkirche mit spätgotischem Kern (um 1490). Die gute Ausstattung fällt hauptsächlich ins 17./18.Jh. und ist mit dem Namen Lorenz Luidl aus Landsberg verbunden. Der Bildhauer wurde um 1645 als Sohn einer Meringer Bildhauerfamilie geboren und ging bei David Degler, dem Sohn des großen Hans Degler, der die Altäre in St. Ulrich und Afra in Augsburg schuf, in die Lehre. Er entwickelte eine von ländlicher Expressivität erfüllte Stilistik, was ihn zum Hauptvertreter einer volkstümlichen Kunstströmung in Bayerisch-Schwaben werden ließ. Seine Maria mit Kind im Seitenaltar ist der Typus der Patrona Bavariae, bei der vor allem die dynamische Gestaltung des Gewands ins Auge fällt.

Zurück zum Waldrand an der Kuppe, weist ein Holzschild zur "Staudenkapelle". In der Tat wunderschön ist von hier der Blick auf Grimoldsried und ins Schweinbachtal bis nach Münster. Der kleine Holzbau zwischen den Bäumen ist wirklich ein Ort, um die letzte

Alltagshektik abzustreifen; so folgen wir schon etwas ruhiger dem Weg dahinter zur Autostraße. Auf dieser rechts, erwartet uns von der Höhe die nächste schöne Aussicht ins Neufnachtal und auf Walkertshofen. Vor dem Ortsschild von Grimoldsried gehen wir links weiter, und nach dem alten Bildstöckel, das wie geschaffen scheint für diese Landschaft, am Waldrand rechts. Im Wald nehmen wir nach dem Sperrschild gleich den nächsten Weg rechts. Als Hauptweg kenntlich, hält er sich zunächst auf der Höhe und bringt uns schließlich hinab zu den ersten Häusern von Kelchsried.

Am Baum entdecken wir einen Wegweiser "Konradshofen". Also rechts ein Stück der Straße nach, laufen wir links hinunter zur gut sichtbaren Brücke, queren den Schweinbach und entscheiden uns am Wald für das rechte Schild nach "Konradshofen". Zauberhaft schlängelt sich das naturbelassene Bächlein durchs romantische Wiesental, bis uns eine große S-Kurve (roter Pfeil links) hinaufbringt in den Wald zu einer Viererkreuzung. Hier rechts, betreten wir kurz drauf erneut freies Gelände. Nun liegt Grimoldsried rechts von uns, und links schauen wir ins nicht minder schöne Schmuttertal, die Häuser vor uns gehören zu Konradshofen.

Im Zuge der fränkischen Staatskolonisation entstand Konradshofen wahrscheinlich im 8.Jh. Ab dem 16.Jh. gehörte es zur Herrschaft Schwabegg und diente den Rittern von Rechberg, die Pfandinhaber waren, als Wohnsitz. Das frühere Schloß besteht nicht mehr.

Die Pfarrkirche St. Martin ist ein Neubau aus dem Jahr 1688, bei dem ältere Mauerteile verwendet wurden. Die Schnitzfiguren stammen ebenfalls aus der Werkstatt von Lorenz Luidl.

Unter der Hochspannungsleitung durch und den breiten Weg am Waldrand entlang, queren wir die Straße nach Konradshofen, bleiben am Rand und wenden uns auf dem Querweg, der vom Ort *(mit den Busfahrern)* herüberkommt, bei der Holzbezeichnung "Hertle" rechts in den Wald. Zuvor öffnet sich nochmal ein reizvoller Blick übers Hügelland - und für Hungrige abseits in Konradshofen eine Gasthaustür.

Wir befinden uns auf dem Buchenberg und tun uns jetzt mit der rechtsweisenden Beschilderung "Mittelneufnach" etwas leichter. Der Weg senkt sich langsam am Hang, gibt ab und zu den Blick frei auf die einsam gelegenen Höfe, und an einem aufgestauten Fischteich vorbei erreichen wir einen schattigen Rastplatz mit sinnigem Spruch.

Wir gehen rechts über die Bachbrücke, halten uns gleich wieder rechts und nun an das Schild "Reichertshofen". An der Kreuzung mit Hochstand bleiben wir rechts, lassen uns auf dem Hauptweg vom Vogelgezwitscher bis zur Autostraße begleiten und müssen diese, wieder rechts, leider benützen. Daß hier nicht wenigstens ein Pfad nebenher führt, ist unangenehm, denn erst als Fußgänger merkt man, wie schnell eigentlich Autos fahren. Doch zum Glück ist es nicht allzuweit zur Abzweigung "Schweinbachhöfe", die uns mit einem weiteren Ausblick in das hübsche Tal zurückbringt zum Parkplatz.

Sie können aber auch geradeaus weiterlaufen, bis Sie rechts der Wegweiser "Staudenkapelle" nochmals zu diesem Ort der Ruhe und Erholung schickt - zur gemütlichen Rucksackbrotzeit, oder zum Schwatz mit Gleichgesinnten.

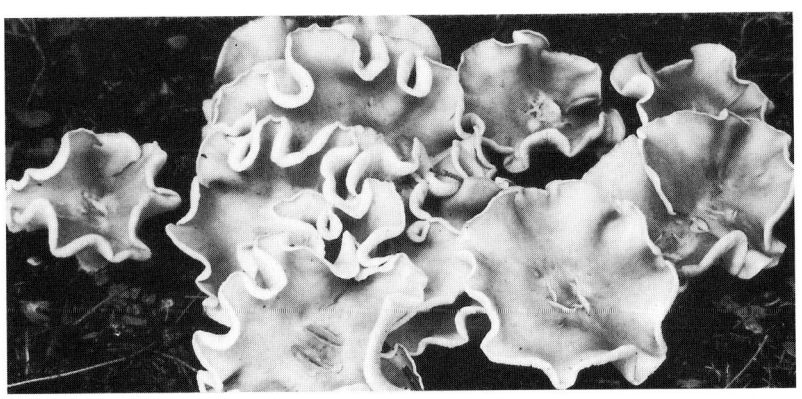

Seltenen Blüten gleich entsprießen Pilze dem Waldboden

Gehzeit:	*ca. 3 - 4 Stunden.*
Besondere Hinweise:	Hügeliges Auf und Ab mit vielfach schöner Aussicht, wechselweise Sonnen- und längere Schattenstrecken, auch Frühjahrs- oder Herbsttour.
Ausgangspunkt:	Wanderparkplatz bei der Staudenkapelle; Bushaltestellen in Grimoldsried oder auch Konradshofen. Von Konradshofen Richtung "Mittelneufnach" in Tour einsteigen.
Einkehrmöglichkeiten:	Etwas abseits in Konradshofen: Gasthof "Schorer" (nur Brotzeiten, Montag Ruhetag); "Hubertusheim", (Dienstag und Mittwoch Ruhetag); 2 schattige Rastplätze unterwegs.

Tour 10

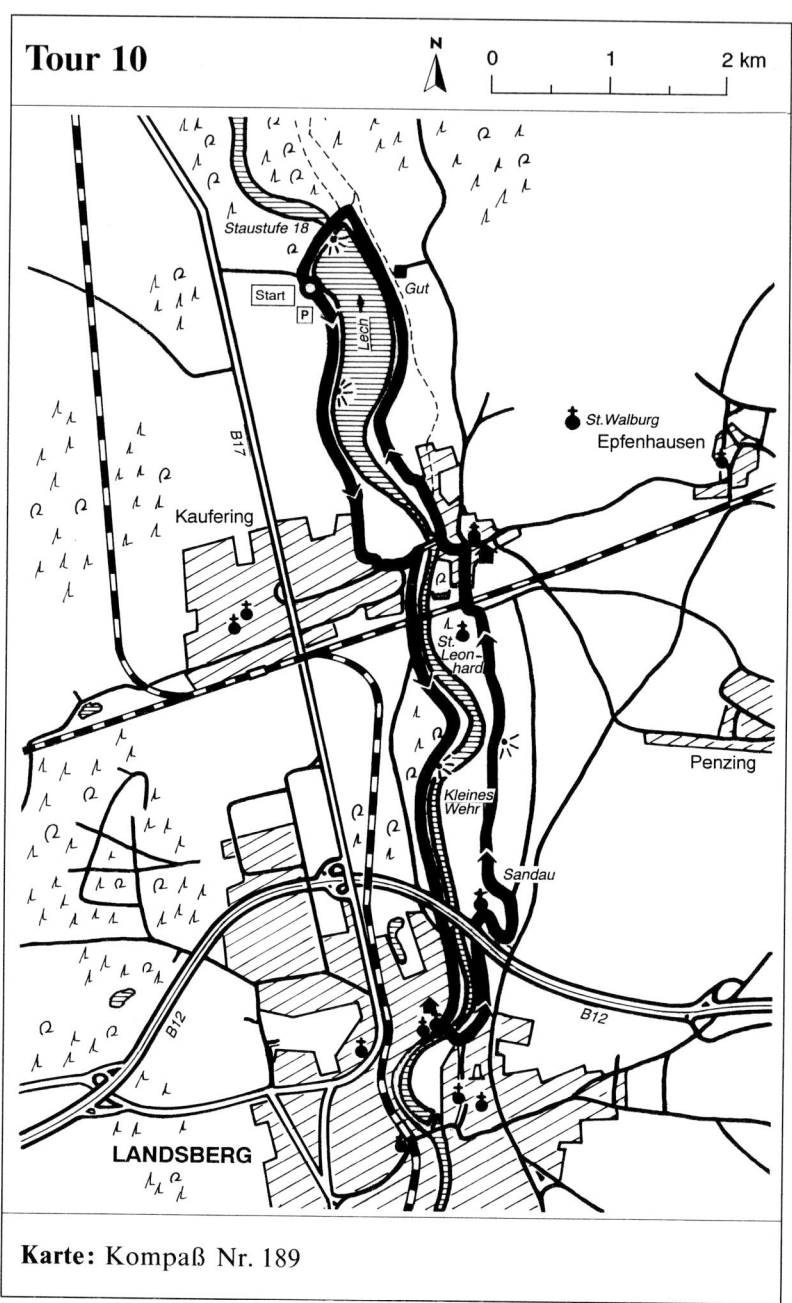

Karte: Kompaß Nr. 189

58

Tour 10

Türme, Tore, Kunst und Geschichte am Lech

Schmückt sich eine an sich schon schöne Landschaft mit jeglicher Art von Sehenswürdigkeiten, ist der Wandertag eigentlich perfekt. Kommen dazu noch Bade- und Einkehrmöglichkeiten, kann man nur sagen: Herz, was willst du mehr! Geben sie Ihrem Herzen also, was es begehrt und starten Sie an der Staustufe 18 zwischen der Kolonie Hurlach und Kaufering zur Wanderung beidseits des Lechs bis Landsberg. Das Schild "Lechstaustufe 18, Kfz-Friedhof" weist Sie von der B 17 zum Parkplatz oberhalb der Staumauer.

An dessen Ende führt ein schmaler Steig auf den Uferweg, den wir gleich flußaufwärts unter die Füße nehmen. Er verläuft durch teils geschützte Auenlandschaften zu mehreren schönen Ausblicken über den See mit den Brutinseln und auf die hochgelegene Kauferinger Kirche. Am Gedenkstein für die Absturzopfer, deren Flugzeug sich vor einigen Jahren in die Lechkante bohrte, und der Kläranlage vorbei, spitzeln wir in fremder Leute Gärten, um anschließend links über die Treppe hinabzusteigen zu den Sportanlagen von Kaufering.

Kurzwanderer gehen hier über die Lechbrücke und nehmen die Tour in der nächsten Straße links mit dem "Brückenring" wieder auf. Sie können aber auch an den Parkplätzen beim Sportplatz in den Südteil der Wanderung einsteigen, indem Sie die B 17 erst bei der Ausfahrt "Kaufering" verlassen und in Richtung des alten Ortsteils auf die Sportanlagen treffen.

Auf die Lechbrücke zu, müssen wir, davor rechts, ein Stück die Straße benützen, dürfen aber nach der hohen Eisenbahnbrücke gleich links abbiegen in den sonnigen Wiesenweg. Sehr schön erhebt sich gegenüber die laubbaumbestandene Hochkante. Ein Wäldchen gilt es zu durchqueren, dann treten wir hinaus zu dem kleinen Wehr. Flußaufwärts grüßt Landsberg, flußabwärts schwimmen dekorativ ein paar Schwäne vor dem Steilufer. Nach der Kläranlage taucht auf der anderen Lechseite das weiße Kirchlein von Sandau auf. Wir unterqueren die Autobahn, überschreiten ein Holzbrückchen und lassen uns vom Rauschen der Stromschnellen bis Landsberg zur Sandauer Brücke geleiten, die uns als Flußübergang dient. Dahinter ragt aus dem Hang der zur 1425 errichteten Wehranlage gehörige Dachlturm auf.

Kennen Sie die Altstadt noch nicht, sollten Sie folgenden kleinen Rundgang nicht versäumen: (Landsberg siehe auch Tour 5.)

Durch das Sandauer Tor die rechte Straße, kommen Sie zunächst zur Stadtpfarrkirche Mariä Himmelfahrt, die eine Fülle von Kunstschätzen birgt. Der spätgotische Bau (1458- 1488) wurde von dem Straßburger Valentin Kindlin und dem Landsberger Ulrich Kiffhaber errichtet und Ende des 17.Jh. barockisiert. Nach Abschluß der Restaurierungsarbeiten 1981 präsentiert sich die dreischiffige Basilika wieder in voller Schönheit. Prunkstück ist der von Jörg Pfeiffer aus Bernbeuren 1680 geschaffene Hochaltar mit den gedrehten, weinlaubumrankten Säulen. Der Wessobrunner Stuck stammt von Johann oder Joseph Schmuzer. Eine Freude für alle Liebhaber spätgotischer Plastiken ist der Figurenschmuck von Lorenz und Johann Luidl; der Palmesel entstand 1671. Im Chor fallen die Glasgemälde (1510-20) auf, die zu den besten deutschen Glasmalereien zählen, und mit der wiederentdeckten Madonna des Ulmer Bildhauers Hans Multscher aus dem Jahr 1437 im Stuckmarmoraltar von Dominikus Zimmermann besitzt die Kirche den wohl größten Schatz Landsbergs.

Am folgenden Marktplatz, einem der schönsten kleinen Plätze in Süddeutschland, begegnen wir Dominikus Zimmermann gleich noch einmal in der von ihm 1718-20 mit feinstem Bandelwerkstuck überzogenen Fassade des Alten Rathauses. Sie gilt als Berühmtheit der Kunstgeschichte. Mit Abschluß der Renovierung im Mai 1991 sind auch die sehenswerten Innenräume wieder zugänglich. Die zwei Monumentalgemälde von Hubert von Herkomer entstanden 1891 und 1905. Im Mutterturm ist eine Sammlung des Künstlers zu finden.

Hinter dem von Joseph Streiter 1783 geschaffenen Marienbrunnen geht es durch den Schönen Turm, auch Schmalzturm genannt und im Kern dem 14.Jh. entstammend, entweder durch die "Alte Bergstraße" noch zu einem kurzen Abstecher hinauf zum Bayertor (siehe unter Landsberg) oder links zurück zum Sandauer Tor.

Beim Steinmetz weisen uns die Schilder "Stadtrundgang" und "Kirche Sandau" die Treppenanlage aufwärts. Wir bleiben auf dem unteren Weg Richtung "Sandau", der uns im Steilhang über dem Lech in lustigem Auf und Ab, teilweise über Treppen und unter der Autobahn durch, zur Kirche St. Benedikt in Sandau bringt.

Mit der Sandauer Kirche reichen die Wurzeln des Christentums in diesem Gebiet ziemlich weit zurück. Bei Sanierungsarbeiten wurden die Grundrisse einer dreischiffigen Pfeilerbasilika um 800 aufgedeckt. Sie gehörte zu einem Kloster, das im 10.Jh. wieder untergegangen ist. Eine Tafel im Innern des schlichten Kirchleins erzählt die wechselvolle Geschichte des ehemaligen Dorfes Sandau.

Durch den "Schönen Turm" führt der kleine Rundgang in der Landsberger Altstadt

Wenn es ab und zu knallt, hat das nichts mit einem Anschlag auf Ihr Leben zu tun, sondern mit dem Schützenheim, an dem vorbei wir hinaufgelangen zu einem weiteren alten Turm und zur Straße. Auf dieser links und vor dem Anflugfeuer zum Militärflugplatz Penzing wieder links, folgen wir dem Feldweg am Zaun entlang auf die Hochkante. An klaren Tagen ist der Rückblick auf das Bayertor mit dem dahinter auftauchenden Hochgebirge lohnend. Vor uns steht immer schöner die Kauferinger Pfarrkirche im Licht, und vor der Bahn verlassen wir den Lechrain links abwärts zur Wallfahrtskirche St. Leonhard.

Der mit einer doppelten Kette umschlungene Bau von Michael Natter verdankt sein Entstehen 1715 einem durch den Lech angeschwemmten Bildnis des Heiligen Leonhard. Auch er enthält Figuren der Landsberger Bildhauer Lorenz und Johann Luidl. Im 1765 entstandenen Deckenfresko von Franz Kirzinger taucht das Kirchlein wieder auf. Ein prächtiger Leonhardiritt um die Kapelle findet alljährlich am Leonhardstag oder dem darauffolgenden Sonntag im November statt.

Wir unterqueren die Bahngleise und wandern nach Kaufering hinein bis zur Vorfahrtsstraße, auf dieser rechts hinauf zur Pfarrkirche oder gleich links hinab zur Lechbrücke.

Die St.-Johannes-Kirche wurde 1699-1704 unter Übernahme des gotischen Chores vom Kloster Dießen aus errichtet. Baumeister war der Vorarlberger Michael Natter, den hervorragenden Stuck schufen Johann und Joseph Schmuzer aus Wessobrunn, die Plastiken wie in St. Leonhard Vater und Sohn Luidl. Nur die Figuren des Hochaltars und das Kruzifix des Kreuzaltars werden dem Weilheimer Hans Degler zugeschrieben, dessen bedeutendstes Werk die drei großen Schnitzaltäre in der Augsburger Kirche St. Ulrich und Afra sind. Bemerkenswert auch die beiden Bilder des Hauptaltars von Johann Georg Bergmüller aus Augsburg.

Bereits im 11. Jh. stand in Kaufering ein Welfenschloß, an dem die Salzstraße vorbeiführte. Außerdem existierte ein Hofmarkschloß, das nur noch auf einem alten Stich um 1700 erhalten ist. Den wirtschaftlich bedeutenden Impuls bekam die Gemeinde 1863 durch den Bau der Eisenbahnlinie München-Lindau.

Zurück auf der Hauptstraße, gehen wir ebenfalls hinunter zur Lechbrücke, verabschieden uns von den *Kurzwanderern* und nehmen flußabwärts die *Wanderer der Nordschleife* mit in den *"Brückenring"* auf das "Gasthaus zur Brücke" zu. Halbrechts, an einem Haus mit einer schönen Holztür vorbei, kommen wir zum Maibaum und bleiben davor links auf dem unteren Weg mit den alten Bäumen. Aus dem letzten, einer Akazie, wächst in der Gabel ein Holunderbusch. Leicht abwärts, passieren wir eine

Pferdekoppel und eine Wandertafel und kommen wieder zum Lechufer.

Sehr hübsch geht es nun ab und zu mit Blick über den Stausee in den Wald unter der Steilkante, der Lehrpfad begleitet uns bis zur Staumauer. Unterhalb teilt eine Insel den grüngesäumten Lech, je nach Licht und Wolkenspiel gleicht der von der hochgelegenen Kauferinger Kirche überragte See einem Postkartenbild. Fast eilen wir die letzen Meter zum Parkplatz, um es endlich den anderen gleichzutun und ins meist recht frische Wasser zu hüpfen.

Gehzeit:	*ca. 4 - 5 Stunden* (ohne Stadtrunde in Landsberg); Nordschleife um den Kauferinger Stausee ca. 1 1/2 - 2 Stunden; Südschleife Kaufering-Landsberg ca. 2 1/2 - 3 Stunden.
Besondere Hinweise:	Mehr Sonne als Schatten; auch gut im Frühling, besonders schon im Herbst durch das viele Laub am Lechrain. Auch wintergeeignet; bei Glätte ist der Hang nach dem Sandauer Tor nur bedingt begehbar, ausweichen über das Bayertor und nördlich die "Epfenhauser Straße" bis Sandau. Viel Sehenswertes am Wege; Leonhardiritt.
Ausgangspunkt:	Parkplatz an der Lechstaustufe 18 zwischen Kolonie Hurlach und Kaufering; für die Südrunde Parkplätze an den Sportanlagen in Kaufering vor der Lechbrücke. Bushaltestelle an der B 17 bei der Staustufe 18, in Kaufering in Nähe der Sportanlagen.
Einkehrmöglichkeiten:	In Kaufering an der Lechbrücke "Gasthaus zur Brücke" (Mittwoch Ruhetag); unterhalb der Kirche Gasthof "Rössle" (Dienstag Ruhetag); mehrere gute Gasthäuser in Landsberg.
Baden:	Staustufe 18, gleich beim Parkplatz; Lechtalbad in Kaufering; Inselbad in Landsberg.

Tour 11

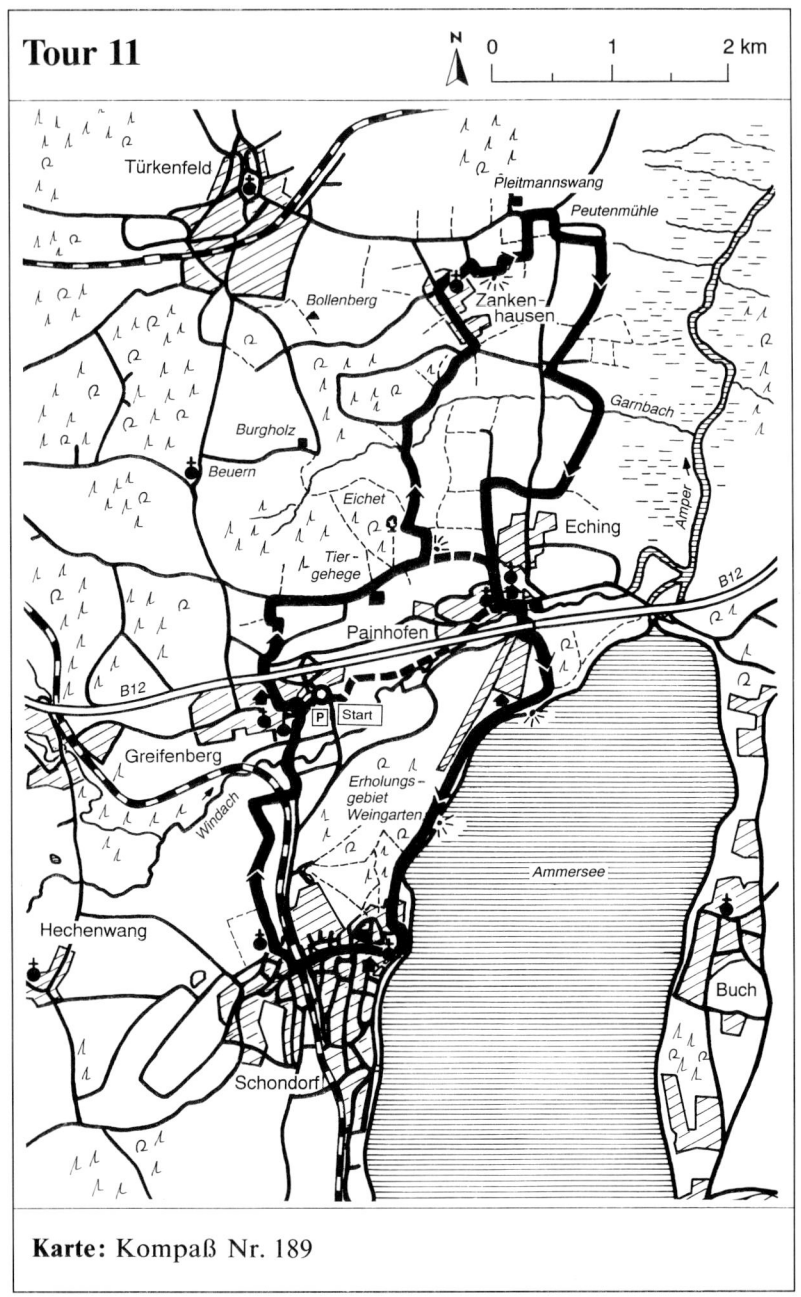

Karte: Kompaß Nr. 189

Tour 11

Tiere und Badespaß in herrlicher Kulturlandschaft

An der Nordwestecke des Ammersees können Sie sich aus der Wanderung von Greifenberg über Zankenhausen bis Schondorf Ihre Runde familien- und konditionsgerecht zusammenstellen. Die gesamte Strecke ist landschaftlich sehr schön und abwechslungsreich und eigentlich nur aufgrund der Bademöglichkeiten in den Sommer gerutscht. Wegen der langen Sonnenstrecken und der vielfach herrlichen Aussicht sind klare, nicht allzu warme Tage vorzuziehen. Familien mit kleineren Kindern sei die mittlere Tour über Painhofen bis Eching und von dort direkt zurück empfohlen, damit noch genügend Zeit bleibt fürs Warmbad Greifenberg, von dem aus wir alle zusammen starten wollen. Von der B 12 Landsberg-München kommen Sie über die Abfahrt "Diessen, Utting, Schondorf" direkt zum Warmbad mit den Parkplätzen.

Hoch über dem Windachtal erhebt sich in Greifenberg das von einem tiefen Halsgraben umgebene Schloß der Freiherren von Perfall. Der Vierflügelbau stammt im wesentlichen aus dem 18.Jh. Das Deckenbild der Schloßkapelle malte 1775 Ignaz Baldauf. Im Park steht ein steinerner Richterstuhl, von dem aus im Mittelalter Recht gesprochen wurde. Privatbesitz, nicht zugänglich.

Auf der Autostraße vor dem Bad ein Stückchen links und die nächste rechts zu den Sportanlagen, halten wir uns rechts und steigen den steilen Berg zwischen Schloß und Gasthaus hinauf. Oben rechts, werfen wir einen Blick durchs Schloßtor, wenden uns links in den "Föhrenweg" und folgen dem schwarzweißen Radwanderschild "R 9" am Feuerwehrhaus vorbei in Links-Rechtskurve unter der B 12 durch. Rechts in den Feldweg, begleitet uns der R 9 links aufwärts in ein Wäldchen, an dessen Ende links und rechts auf die nächsten Bäume zu. Von hier oben haben wir bereits einen prächtigen Ausblick auf Greifenberg, die Hechenwanger Kirche und die Alpen von den Tannheimer Bergen bis zur Zugspitze.

Auf dem Querweg verlassen wir die Radtäfelchen nach rechts und sagen den zotteligen Schottischen Hochlandrindern erstmal "Guten Morgen". Von solch riesengroßen Weiden kann manche deutsche Kuh nur träumen. Im nächsten Gehege tummelt sich das Damwild. Der Aushang, der die hübschen Tiere als Braten, Gulasch oder Filet empfiehlt, ist nicht gerade geeignet, unseren Appetit auf Wild zu wecken. So gehen wir weiter zu den Häusern von Painhofen.

Das Sträßchen senkt sich leicht. Wir schauen hinüber nach Grafrath , linker Hand taucht Zankenhausen auf, und wir lassen die *Kurzwanderer* geradeaus *nach Eching zur alten Eiche* gehen (hier rechts und mit Gesamttour weiter), an der wir später ebenfalls vorbeikommen.

Vorerst wenden wir uns links in den nächsten Feldweg auf den Schuppen und den Hochstand zu. Wieder links, steht am Waldrand nochmal ein uralter Eichbaum. Die Wege im Wald führen nicht weiter bzw. zurück, also bleiben wir davor rechts am Rand und müssen erst um die Ecke mit dem Hochstand herum, dann ein Stückchen weglos bis zur Steinbrücke über den in vielen Windungen dahinfließenden Eichbach. Wir wechseln hinüber und halten uns gleich rechts an das Holzschild "Nach Türkenfeld" und die gelb-weißen Pfähle. Zwischen den Bäumen turnen wir auf dem Fußpfad bis zum breiten Querweg und schlagen rechts die Richtung nach Zankenhausen ein. Am Waldende rechts hinaus zur Autostraße und auf dieser links, begrüßt uns beim Anstieg ins Dorf ein kleines, schloßartiges Anwesen, und im Rückblick schauen wir übers schöne Voralpenland.

Beim Kriegerdenkmal geht es rechts zur Kirche und einer gefällig in Stein gehauenen Statue. An der Milchsammelstelle vorbei, biegen wir nach dem Ortsausgangsschild rechts ab in den "Höhenweg", der nach der Linkskurve seinem Namen alle Ehre macht:

Aus den freien Feldern bietet er an klaren Tagen einen traumhaften Ausblick auf den in die eiszeitliche Gletschersenke gebetteten Ammersee mit dem Hochgebirge dahinter, eingerahmt vom Andechser Kirchturm und dem schlanken, edlen Turm des Dießener Münsters. Während wir die Links-Rechtskurve hinab und den Querweg links aufwärts wandern, haben wir hinter dem breiten Schilfgürtel der Amper Grafrath mit der Kloster- und Wallfahrtskirche St. Rasso aus dem Jahr 1694 im Blickfeld.

Bei den Häusern auf der Straße rechts, halten wir uns am Teich der Peutenmühle erneut rechts und nehmen den nächsten, Kfz-gesperrten Weg links ins Moorgebiet. Die Rechtskurve führt geradeaus ins Wäldchen, der anschließende Feldweg auf ein kleines Haus zu. Dahinter scharf links, verliert sich der Wiesenweg nach der Scheune etwas, und nach den zusammengeschobenen Hügeln halten wir rechts auf die zwei großen Eichen und den Feldweg zu. Ein Brückchen quert den Garnbach, links grüßt die Kirche von Inning, vor uns liegt bereits Eching. Eine Rechtskurve bringt uns zur Autostraße. Der Verkehr gefällt uns nicht, so weichen wir bei der Lindengruppe mit Rastbänken rechts aus in die Felder. Auf dem Querweg links, lugt kurz drauf der Zwiebelturm der Echinger Kirche über eine Hügelkuppe, hinter der wir auf die *alte Eiche und die Kurzwanderer* treffen.

An der Peutenmühle zeichnet der Wasserspiegel romantisch den Baum nach.

1766 baute Lothar Matthäus Gießl die Kirche St. Peter und Paul mit sehenswerten Fresken und Altarbildern von Christian Wink. Die Apostelfiguren stammen von Lorenz Luidl, das Marmordenkmal für Pfarrer Schorer schuf 1767 Johann Baptist Straub.

Die zur Abwendung der Pest entstandene kleine Sebastianskapelle enthält Plastiken von Johann Luidl, Sohn und Werkstattnachfolger von Lorenz Luidl.

Bei der Eiche abwärts, halten wir uns links, dann rechts auf die Kapelle zu. Wir orientieren uns links, die

Kurzwanderer von Painhofen und auch die, die mit der Zankenhausen-Runde genug haben, rechts und wie folgt zurück nach Greifenberg: Die "Greifenberger Straße" weiter, bis links nach der einzelnen Birke ein Rad-Fußweg-Schild auftaucht. Auf diesem schmalen Pfad zwischen den Zäunen geht es hübsch zur Windach, mit dieser unter der B 12 durch, ein Stück parallel zur lauten Straße dann links wieder an die verschlungene Windach. Bei der Brücke rechts, bringt Sie der Weg um die Tennisplätze zum Ausgangspunkt beim Schwimmbad.

Große Damwildgehege liegen am Weg nach Painhofen

Die Weitwanderer laufen in Eching auf den Maibaum zu, überschreiten rechts die Windach, kommen Richtung "München" ebenfalls unter der späteren Autobahn durch und, gleich links am Autohaus vorbei, mittels der Kfz-gesperrten Straße ins Landschaftsschutzgebiet. Am Rand der Wohnsiedlung immer geradeaus, ergibt sich im "Freizeitgelände Eching" die Möglichkeit, eine Spiel- oder Sonnenpause einzulegen oder direkt ins Schilf zu spazieren. Eine Tafel erklärt Sinn und Zweck des Schilfgürtels, durch den wir rechts dem romantischen "Fußweg nach Schondorf" folgen. Kurz drauf sind wir am Badeplatz mit schönem Blick über den Ammersee.

Ammersee siehe Tour 4

Reizt Sie weder Plantschespaß noch Cafeteria, gehen Sie am Bootsliegeplatz rechts hinaus zur Straße und auf dieser links. Nach den letzten Häusern, oder besser gesagt Villen, beginnt ein unbebautes Waldstück mit teils herrlichen alten Bäumen am höher gelegenen Ufer. Bänke laden zum Rasten, glasklar schimmert das Wasser herauf, verträumte Bootshütten spiegeln sich im See, und vor den hohen Bergen scheint die Klosterkirche von Andechs in den Himmel zu stechen. Wir passieren die Tennisplätze und das Wassersportzentrum Schondorf, das "Langeweile ausgeschlossen" verkündet, doch wer hat die schon, wenn er die Wanderstiefel an den Füßen trägt. An der Vorfahrtsstraße links, passen wir damit zwar nicht besonders zum Promenierbetrieb am Strand, so verstecken wir sie unterm Tisch im Biergarten der "Post" in Unterschondorf.

Gleich nebenan fällt das efeuberankte, romanische Kirchlein St. Jakob auf. Um 1150 durch einen Ministerialen der Dießener Grafen entstanden, ist es das älteste Bauwerk am Ammersee und war ursprünglich Wehrkirche. Die Tuffquader sind 1,10 m dick. Figuren der Weilheimer Degler-Werkstatt sind in dem um 1670 datierten Barockalter zu finden. Das romanische Kruzifix aus dem 13. Jh. bildet den Ersatz für ein noch bedeutenderes, im Krieg verloren gegangenes Kreuz. Die einstige Funktion des Dachraums im doppelgeschossigen Bau ist ungeklärt. Anstelle des Gasthauses "Post" soll ein Nonnenkloster existiert haben, das durch einen unterirdischen Gang mit der Kirche verbunden war.

Die Einbahnstraße, das "St.-Jakobs-Bergerl", und die Bahnhofstraße hinauf zum Maibaum, überqueren wir zum Gasthof "Ammersee" die Straße, gehen gerade durch die Bahnunterführung und rechts zur hochgelegenen Kirche in Oberschondorf.

Der ältere Ortsteil von Schondorf wurde bereits 751 urkundlich erwähnt. Der spätgotische Bau der Pfarrkirche St. Anna stammt aus dem Jahr 1499 und wurde später barockisiert. Um 1680 schuf der Wessobrunner Johann Schmuzer den Stuck im Chor, das Langhaus wurde erst 1737 stuckiert. Der Hochaltar (um 1725) wird Franz Schmuzer zugeschrieben. Der Apostelzyklus von Lorenz Luidl datiert um 1700, die Figuren an der Kanzel schuf Ambrosius Degler aus Weilheim.

Unterhalb der Kirche setzen wir entlang der Friedhofsmauer die Wanderung auf der wunderschönen Aussichtspromenade fort. Der Höhenweg wird von alten Bäumen begrenzt, und bei der Wegeteilung entscheiden wir uns für links und den kleinen Anstieg zur Brunnenanlage mit nochmaligem schönen Rundblick, nun auch zum gegenüberliegenden Schloß Greifenberg. Rechts abwärts und über die Bahnbrücke, nehmen wir nach den Häusern links den Weg mit dem Schild "Wasserschutzgebiet". Über ein Brückchen queren wir die moorbraune Windach, an der im Vorfrühling zuhauf die weißen Märzenbecher blühen. Am Sportplatz gehen wir rechts und auf bekanntem Weg zurück zum geheizten Schwimmbad. Wer die Badehose mithat, kann nun noch einen Sprung ins Wasser wagen - die braven Wanderkinder bekommen zusätzlich das längst versprochene Eis.

Gehzeit:	*ca. 5 1/2 - 6 1/2 Stunden;* mittlere Runde: Painhofen-Eching-Greifenberg ca. 2 Std., Nordrunde: Painhofen-Zankenhausen-Eching-Greifenberg ca. 4 - 4 1/2 Std., Südrunde: Painhofen-Eching-Schondorf-Greifenberg ca. 3 - 3 1/2 Std.
Besondere Hinweise:	Abwechslungsreiche, landschaftlich sehr schöne Strecke mit nicht allzu großen Höhenunterschieden. Wenig Schatten, daher eher für Frühling oder Herbst geeignet, Wasserratten können im Sommer eine der kürzeren Runden wählen. Wege sollten abgetrocknet sein. Gehen Sie an einem klaren Tag mit guter Sicht!
Ausgangspunkt:	Warmbad in Greifenberg; von der B 12 Abfahrt "Dießen, Utting, Schondorf" geradeaus bergab. Bushaltestelle in der Nähe.
Einkehrmöglichkeiten:	in Greifenberg Restaurant im Schwimmbad und gegenüber dem Schloß Gasthaus "Post" mit Terrasse (Donnerstag Ruhetag); in Eching Wirtshaus "Roming" und am Badeplatz am Ammersee Kiosk und Cafeteria; in Unterschondorf Gasthaus "Post" (Biergarten, Montag Ruhetag), in Oberschondorf Gasthof "Ammersee" (Dienstag Ruhetag). Für Nordrunde kann Rucksackbrotzeit nicht schaden.
Baden:	Warmbad Greifenberg, geöffnet 15.5.-14.9., 8-20/21 Uhr; Naherholungsgebiet Eching am Ammersee, Eintritt frei.

Tour 12

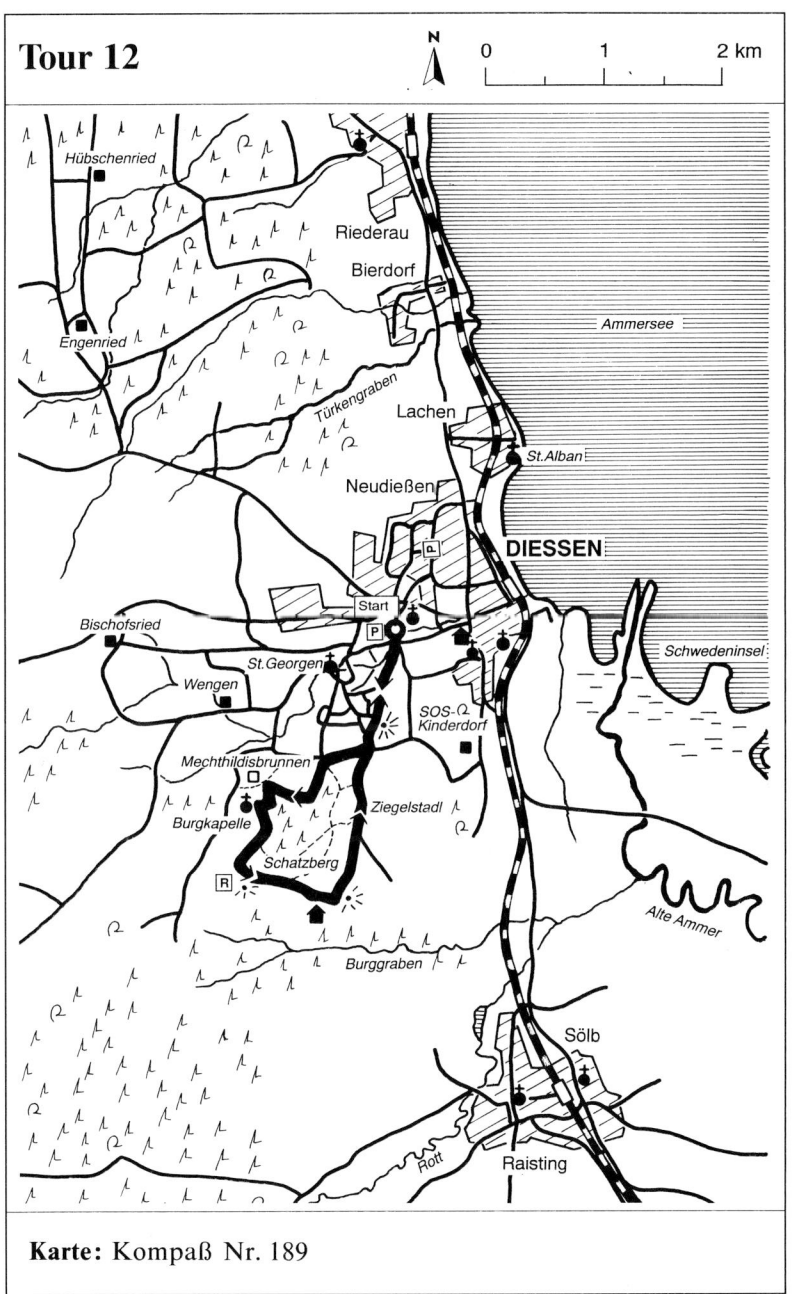

Karte: Kompaß Nr. 189

Tour 12

Vom großen Kunstgenuß
"sommergemütlich" um den Schatzberg

Mehrere hübsche Wanderwege schlingen sich um den südwestlich von Dießen am Ammersee gelegenen, 675 m hohen Schatzberg. Der Gipfel ist bewaldct und bietet somit auch nicht mehr Aussicht, als wir auf der kurzen Sommerrunde haben werden, die wir in Dießen hinter dem Münster beginnen wollen. Doch zunächst machen wir uns auf, dieses Meisterwerk bayerischer, ja deutscher Barockbaukunst zu bewundern.

Die Klostergründung 1132 in Dießen geht auf die erstmals 1039 urkundlich erwähnten Grafen "Diezzan" zurück, obwohl der Überlieferung nach der Heilige Rasso bereits im 9.Jh. im etwas oberhalb gelegenen Ortsteil St. Georgen ein Kloster gegründet haben soll.

Kirche und Kloster wurden 1318 zerstört, und im Rahmen der barocken Veränderungen errichtete Michael Thumb aus Vorarlberg 1681-88 das neue Kloster. 1732 baute Johann Michael Fischer die Kirche Mariä Himmelfahrt und schuf damit wohl sein reifstes Werk. 1739 erfolgte die Weihe. Nach der erst vor kurzem abgeschlossenen, umfassenden Restaurierung verlieh ihr der Augsburger Bischof Dr. Josef Stimpfle aufgrund ihrer herausragenden Schönheit zum 250jährigen Weihejubiläum den seltenen Titel eines Münsters.

Ebenso wie die fein gegliederte, 34 m hohe Fassade mit der marmornen Marienbüste über dem Portal wird auch die Qualität der Ausstattung von keiner anderen oberbayerischen Klosterkirche übertroffen. Der über 70 m lange Wandpfeilerbau enthält einen von François Cuvilliés entworfenen Hochaltar, dessen versenkbares Altarblatt von Balthasar Albrecht stammt. Die Gemälde der Seitenaltäre wurden zum Teil von Meistern der Augsburger Schule, wie Bergmüller und Holzer, geschaffen, des weiteren von den Venezianern Tiepolo und Pittoni. Die Deckengemälde des Augsburger Akademiedirektors Johann Georg Bergmüller mit dem gewaltigen Langhausfresko entstanden 1736 und haben die Klostergründung zum Thema. Stukkatoren waren die Gebrüder Franz Xaver und Johann Michael Feichtmayr, außerdem Johann Georg Übelherr. Die Rokoko-Prunkkanzel von Johann Baptist Straub beinhaltet Szenen aus dem Leben des Paulus. Einige Plastiken aus der Vorgängerkirche sind noch vorhanden, darunter der spätgotische Petrus von Erasmus Grasser. Der gelbe Taubenturm neben der Kirche stammt aus dem 17./18.Jh. und bildet einen Torturm im Bereich der klösterlichen Wirtschaftsgebäude.

Dießen selbst ist ein durch Jahrhunderte gewachsener Ort im Pfaffenwinkel. Seit dem Mittelalter bewahrt es die blühende Handwerkstradition der Hafner, Glaser, Zinngießer, Kunstschmiede, Bildhauer und Töpfer. In manchen Werkstätten und Ateliers kann man den Künstlern zuschauen oder auch selbst aktiv werden. Der alljährlich an Christi Himmelfahrt stattfindende Töpfermarkt zieht Tausende von Fachleuten und Keramikfreunden an. Außerdem finden sich in Dießen neben netten Lokalen drei Strandbäder und die älteste Binnensee-Segelschule Deutschlands.

(Verkehrsamt Dießen, Tel. 08807/1048)
Ammersee siehe Tour 4

Zunächst halten wir uns an den König-Ludwig-Weg, der gleich bei der Kirche beginnt und dem wir am Bächlein entlang folgen. Eine Brücke führt unvermutet über einen tieferen Bachgraben, danach weist uns das blaue "K" mit der Krone links in den schmalen, mit prächtigen alten Linden bestandenen Fußweg. Noch vor der Teerstraße biegen wir links in den Wiesenpfad ein und kommen zwischen den Häusern durch zur Straße. Auf dieser links, weist uns das "K" gleich rechts und nochmal durch die Wiesen, um uns auf der nächsten Straße links zum Wanderparkplatz am Schatzberg zu geleiten.

Weiter auf des Königs Spuren, bringt uns der hübsche Waldweg leicht steigend am Mechtildisbrunnen vorbei zur Burgkapelle.

Der ganze bewaldete Schatzberg, auf dem einst die Burg Schönenberg der Grafen von Dießen-Andechs stand, wird Burg genannt. Die Kapelle mit der gedrechselten Holztür soll aus Trümmern dieser Burg errichtet worden sein. Erbauer und Jahreszahl sind unbekannt. Jedes Jahr am Sonntag vor Pfingsten ziehen die Bürger von Dießen, St. Georgen und Wengen von der Pfarrkirche zur Burg, um von der Hl. Mechtildis Schutz vor Unwettern zu erbitten. Die wertvollen Skulpturen wurden aus der Kapelle entfernt, sie sind in Dießen aufbewahrt.

Jetzt verlassen wir das blaue "K" und bewundern links auf dem Fußweg die herrlichen alten Buchen und Eichen, die sich, ebenso wie unser Pfad, mehr oder weniger am Waldrand hinziehen. Wo der Weg bergauf in den Wald geht, bleiben wir rechts, kreuzen die Pferdespur, von der die Reiter des öfteren auf dem Wanderweg "fremd" zu gehen scheinen, und laufen geradeaus zum Waldende. Hier empfängt uns neben einer kleinen Brotzeithütte ein schöner Ausblick aufs Wettersteinmassiv mit der Zugspitze.

Stiftskirche Dießen - zum Münster erhoben.

Recht verträumt wirkt die Landschaft, als wir links auf dem breiten Forstweg die Schranke passieren. Bald schon führen Fußspuren rechts hinunter zu einer Bank am Waldrand. Rasten müssen Sie auch hier nicht unbedingt, denn über den kurzen Wiesenpfad sind Sie auch schon bei der Schatzbergalm, in der Sie sich, nur von kuscheligem Grün umgeben, Brotzeit und Pause genehmigen können. Ponys weiden im alten Obstgarten, und ein kleiner Spielplatz beschäftigt die Jüngsten. Ein Fleckchen zum Entspannen, nur dürften die nicht allzu üppigen Brotzeiten fürs Geld zumindest etwas liebevoller ausfallen. Am Sonntag gibt's schon mal einen Schweinsbraten - wenn man danach fragt. Dafür sind die Kuchen nach wie vor hausgemacht, auch wenn der Topfen zum Käsekuchen nicht mehr wie früher im Apfelbaum hängt und die Hühner drunter die Molke picken.

Doch es sitzt sich wirklich schön unter der rosenumrankten Mauer, so daß wir erst nach längerer Zeit dem Fahrweg abwärts in die offenen Wiesen folgen und nach der Weide mit den dunklen Zottelrindern die ersten Häuser von Ziegelstadl erreichen. Nun immer dem Sträßchen nach, treffen wir auf unseren Hinweg und das blaue "K". Wir bummeln wieder über den Wiesenpfad, genießen die hübsche Aussicht über den Ammersee zur hochgelegenen Kirche von Andechs, falls Sie nicht der Sommerdunst verhüllt, und kommen durch die Lindenallee und am Bach zurück zum Parkplatz. Nun haben Sie noch genügend Zeit fürs Städtchen, für die Strandpromenade, für ein nettes Gasthaus oder das See-Café, oder Sie gehen ganz einfach - baden.

Gehzeit:	*ca. 1 1/2 - 2 Stunden.*
Besondere Hinweise:	Teils schattige, teils sonnige Kurzrunde mit mäßigen Steigungen. Ganzjährig geeignet, da die Pfade meist getreten sind, sehr hübsch auch im Winter.
Ausgangspunkt:	Parkplatz hinter dem Dießener Münster; Einstieg in den König-Ludwig-Weg bei der Kirche, Markierung blaues "K" mit Krone. Zugverbindung nach Dießen, vom Bahnhof zu Fuß hinauf zum Münster.
Einkehrmöglichkeiten:	"Schatzbergalm" (Dienstag Ruhetag, wochentags ab 12.30 Uhr, Samstag/Sonntag ab 10 Uhr geöffnet, im Winter unter der Woche nur an sonnigen Tagen); mehrere Gasthäuser in Dießen, erwähnenswert der "Maurerhansl" ("Nostalgie auf Omas Sofa" bei guter Küche, geöffnet ab 19 Uhr, Dienstag Ruhetag).
Baden:	Strandbäder am Ammersee.

III. Herbst

Es ist eine alte Erkenntnis:

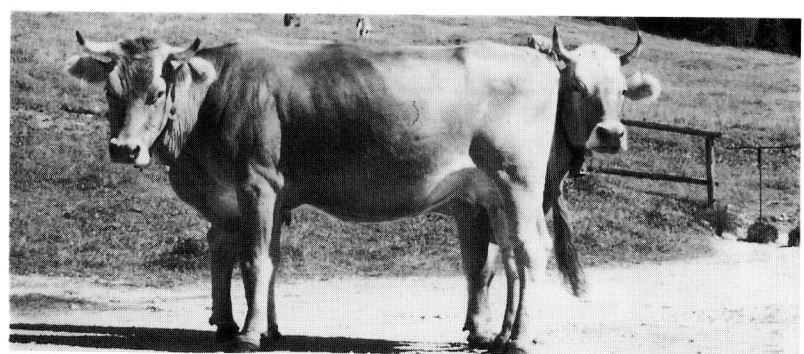

Im Herbst bräuchte man zwei Köpfe zum Schauen.

Klare Tage mit guter Fernsicht, trockene Wege und so viel Sonne wie nur eben möglich, das sind die Kriterien, nach denen der Wanderer seine Herbsttouren wählt. Herrscht auf den Hochgebirgsgipfeln um diese Jahreszeit oft unerträgliches Gedrängel, läßt sich die nähere Region meist in aller Ruhe durchstreifen.

Es ist die Zeit der Fülle. Der Mensch genießt die Früchte seiner Arbeit, die Trauben reifen dem ersten Frost entgegen, und in den Weinorten werden zu den Winzerfesten die speziellen Schutzpatrone mit Rebenblättern bekränzt. War der Ertrag weniger gut, wird der pflichtvergessene Heilige manchmal mit schmutzigem Wasser begossen. Anfang Oktober wird überall Erntedank gefeiert, zu Kirchweih herrscht fröhliches Jahrmarkttreiben, und den ersten Gänsen wird der Hals umgedreht. Die nächsten hauchen ihr Leben zu St. Martin aus, als Strafe dafür, daß sie den Heiligen durch ihr Geschnatter verrieten, als man ihn um 370 zum Bischof von Tours erheben wollte.

Nach dem Volksglauben stehen zu Allerheiligen die Seelen der Toten aus den Gräbern auf und kehren für einen Tag in die Häuser ihrer Angehörigen zurück. Die Totenstimmung des Allerseelentags wird vom Hornsignal der Hubertusjagden abgelöst, und ebenfalls Anfang November finden zu Ehren des Hl.Leonhard, des Schutzpatrons der Gefangenen und Kranken, der Felder und des Viehs, überall in Bayern die prächtigen Leonhardiritte statt. Der Wandertip Nr. 10 führt Sie zu einem solchen Umritt, die nächsten Touren auf aussichtsreiche oder besonders laubbunte Strecken.

Tour 13

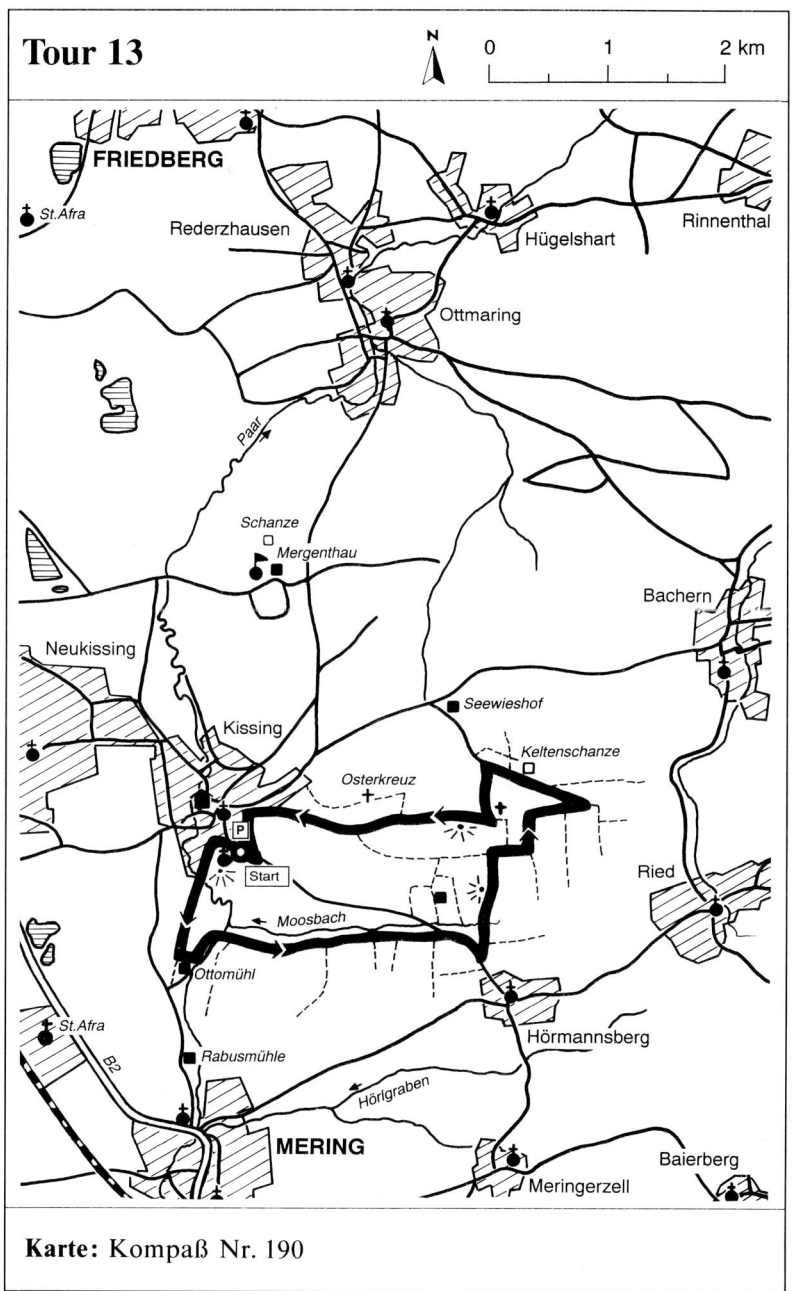

Karte: Kompaß Nr. 190

Tour 13

Über eine Keltenschanze zur großen Alpensicht

Für die Sonnenwanderung mit geschichtlich interessantem Hintergrund östlich von Kissing sollten Sie einen klaren Tag mit guter Fernsicht wählen, denn es wäre fast zu schade, die Wanderschuhe zu schnüren, jedoch das grandiose Alpenpanorama vom Grünten bis zu den Tegernseer Bergen zu versäumen.

Von Neu-Kissing an der Straße Augsburg - Mering, fahren wir hinüber zum alten Ortsteil und unterhalb der Pfarrkirche rechts Richtung "Hörmannsberg". Am Ortsausgang bei der Burgstallkapelle findet sich ein Parkplatz. Dem hochgelegenen Kirchlein, das über eine Bogentreppe zu erreichen ist, gilt auch unser erster Besuch.

Eine Treppe schwingt sich hinauf zur Burgstallkapelle in Kissing

Der östliche Lechrain, an dem sich das ursprüngliche Kissing zum Teil hinaufzieht, gehört zu den ältesten Siedlungsgebieten im süddeutschen

Raum. Die Werkzeugfunde aus der Steinzeit belegen, daß hier schon vor 10.000 Jahren Weizen und Gerste angebaut wurden. Lange vor den Römern kamen im 6.Jh.v.Chr. die keltischen Vindeliker in dieses Gebiet. Zahlreiche Hügelgräber und eine Viereckschanze finden sich im nahen Hailachwald. Kulturhistorisch interessant sind auch die uralten unterirdischen Gänge, die im Kirchberg, unter der Petersbergkapelle und im Fuchsberg aus dem festgelagerten Sand spitzbogenförmig herausgehauen wurden und bei denen es sich möglicherweise um Reste keltischer Tempel handelt. In kriegerischen Zeiten dienten sie der Bevölkerung als Zufluchtsort.

Anfang des 6.Jh. kamen die Alemannen, und 763 wurde die Ursiedlung als "Kisingas" erstmals erwähnt. Vom Ende des 12.Jh. bis zum Verkauf 1602 an die Jesuiten befand sich Kissing im Besitz des Augsburger Bischofs und Hochstifts. Die Hofmark Kissing blieb Eigentum der Jesuiten bis zur Auflösung des Ordens 1773.

Auf romanische Zeit (8.-10.Jh.) geht der Ursprung der St.-Stephans-Kirche zurück. Ein aus Sandstein gehauener Taufstein aus der zweiten Hälfte des 12.Jh. gehört zu den wertvollsten in Bayern. Die Burgstallkapelle, 1681 von den Jesuiten erbaut und durch eine auf Gewölbebogen ruhende Freitreppe erreichbar, gilt als bedeutender Barockbau. Die bemalten Heiligen Laurentius und Stephan sind die einzigen gotischen Figuren dieser Gegend. Gotischen Ursprungs ist auch die Petersbergkapelle, bei der es sich um den Chor einer 1806 abgerissenen Kirche handelt.

Die bekannteste Gestalt in der Geschichte Kissings ist der "Bayerische Hiasl", der angeblich Friedrich von Schiller als Vorbild für seinen Karl Moor in den "Räubern" gedient haben soll. Als treffsicherer Wildschütz bekannt, führte der gebürtige Kissinger mit Namen Matheus Klostermair einen grausamen Kleinkrieg gegen Förster und Gendarmen und erhielt dabei viel Unterstützung aus der Bevölkerung. Nach einem Kesseltreiben 1771 wurde er gefangen, gerädert und geviertelt. Die Meinung darüber, ob er ein verbrecherischer Räuberhauptmann oder bereits ein früher Vorkämpfer der Menschenrechte war, gehen bis heute auseinander.

Von der Kapelle haben wir bereits den ersten schönen Ausblick Richtung Süden auf Mering, hinter dessen Kirche sich klotzig die Zugspitze aufbaut - ein Lob dem Föhn oder dem klaren Herbsttag. Um den unterhalb gelegenen Kreuzweghügel gehen wir rechts im Graben abwärts, auf der Straße links und in den Rad-Fußweg. Durch ein Gehöft müssen wir am großen weißen Huhn vorbei und den Fußpfad am Bach entlang. Wir queren die Paar über ein Holzbrückchen und wandern durch die offenen Wiesen auf die Höfe von Ottomühl zu. Ein Foto wert ist der Rückblick auf die beiden hochgelegenen Kirchen.

Noch vor den Häusern von Ottomühl benützen wir links den Wiesenweg zur Kläranlage und streben links der Paarbrücke zu. Ein Graureiher startet vom Ufer, und der Hund steckt bis zum Hals in einem Mauseloch. Nun, jedem das Seine. Die Wegeteilung lassen wir unbeachtet, bleiben geradeaus, und die sanfte Steigung durch die vom Moosbach durchzogenen Felder bringt uns zur Straße nach Hörmannsberg. Falls Sie überleben wollen, weichen Sie besser auf den Grünstreifen vor der Kläranlage aus.

Nach dem Ortsschild "Hörmannsberg" biegen wir beim Schützenheim links ab zur Schreinerei und halten, hinter dem Haus und den Bäumen links den Feldweg, auf den freistehenden einzelnen Baum auf der Anhöhe zu. Und schon wieder freut sich unser Auge, diesmal über den Ausblick auf Hörmannsberg mit der lieblichen Landschaft ringsum bis zur ganzen Weite des Lechfelds. Durch eine Senke und in die Rechtskurve, wandern wir kurz auf die Kirche von Ried zu, um auf dem zweiten Weg links an der Baumreihe entlang zum nächsten verträumten Taleinschnitt zu gelangen. Etwas erhöht verläuft die Rechtskurve gegenüber dem buntgefärbten Waldrand. Noch vor dem Schuttplatz gehen wir nach dem rotgepunkteten Stein und Pfosten in spitzem Winkel links zurück und betreten den Hailachwald. Bei der Holzabteilung "Schanze" und "Friedberger Weg" sind bereits die Wälle der Keltenschanze durch die Bäume sichtbar, der wir als nächstes unsere Aufmerksamkeit widmen.

Zu den charakteristischen Bodendenkmälern im hiesigen Raum gehören die keltischen Viereckschanzen. Der einzige Zugang zu diesen geometrisch streng geformten und meist nach den Haupthimmelsrichtungen orientierten Wallanlagen ist ein breiter Durchlaß, der vorwiegend im Osten angelegt war. Die Seitenlängen messen zwischen 70 und 120 Metern, die Gräben waren nie mit Wasser gefüllt. Manchmal finden sich auch Doppelschanzen oder Umhegungen mit kleineren Wällen. Ballungen von drei und mehr Schanzen auf engem Raum spiegeln somit auch die Bevölkerungsdichte wider. Die Verbreitung der Viereckschanzen, deren Bedeutung lange nicht geklärt war, deckt sich mit den keltischen Siedlungsgebieten im südlichen Mitteleuropa. Von den über 200 Schanzen in Süddeutschland sind allein 150 in Bayern zu finden, 46 davon entfallen auf den Regierungsbezirk Schwaben.

Aus verschiedenen Grabungsbefunden und Vergleichen sind sich die Archäologen heute einig, daß der Verwendungszweck der Schanzen kultischen Zwecken diente, zumal die Armut an Fundgegenständen schon immer den Siedlungscharakter in Frage stellte. Im Innern der Wallanlagen gab es oft bis zu drei Schächte mit Tiefen von 4 - 35 Metern. An den darin aufgestellten, behauenen Pfählen fanden sich lehmige, eiweißhaltige

Fladen, die der spurenkundlichen Analyse zufolge von tierischen Organen herrührten. Starke Holzkohleanreicherungen auf dem Grund der Schächte deuten auch auf das Abbrennen von Feuern hin. Die Wissenschaft wertet die Keltenschanzen somit einheitlich als Kultstätte für Opfer- und Weihegaben. Um 15 v.Chr. endete mit dem Erlöschen der keltischen Macht auch die Funktion der Schanzen.

Zurück zu unserem Wanderweg und geradeaus weiter, hält sich dieser nahezu an den sonnendurchfluteten Waldrand, und bei der Wegeteilung, an der weiße Pfeile und eine rote 6 nach rechts zeigen, verlassen wir geradeaus die Bäume. Etwas schnaufen wir noch bergauf und erreichen, auf dem Querweg links, bei den zwei eisernen Flurkreuzen den "Aussichtspunkt des Tages". Mit diesem überraschenden Weitblick übers hügelige Land auf die Hochgebirgskette hatten wir nicht gerechnet. Mächtig ragt darin die Zugspitze auf, unverkennbar die Zacken der Tannheimer Berge, und nach links macht unser Auge das Karwendel aus, bevor es zurückkehrt zu den rundum aufragenden Kirchturmspitzen.

Nun rechts, dürfen wir diese herrliche Aussicht noch eine Zeitlang genießen, nicht nur von der folgenden Bank, sondern weil sich der Weg erstmal ständig auf der Höhe hält, bevor er sich durch ein Tälchen auf die beiden Kirchen von Kissing zuschlängelt. Auch der Augsburger Hotelturm grüßt herüber. Im Ort wenden wir uns links in den Kfz-gesperrten Weg, geradeaus am Friedhof entlang kommen wir nochmal zu eine Anhöhe und, auf der Autostraße kurz rechts, zum Parkplatz vor der Burgstallkapelle.

Gehzeit:	*ca. 2 1/2 - 3 Stunden.*
Besondere Hinweise:	Etwas hügelige, fast ausnahmslos sonnige Strecke, Schatten nur kurz im Hailachwald. Auch fürs Frühjahr geeignet, im Sommer nur bedingt. Viele Feldwege, die abgetrocknet oder überfroren sein sollten. Einen Tag mit Alpensicht wählen!
Ausgangspunkt:	Parkplatz vor der Burgstallkapelle in Alt-Kissing, von der Pfarrkirche rechts Richtung "Hörmannsberg" am Ortsausgang. Bushaltestelle in Kissing.
Einkehrmöglichkeiten:	mehrere in Kissing; evtl. Brotzeit für unterwegs.
Baden:	Abseits der Strecke am Weitmannsee.

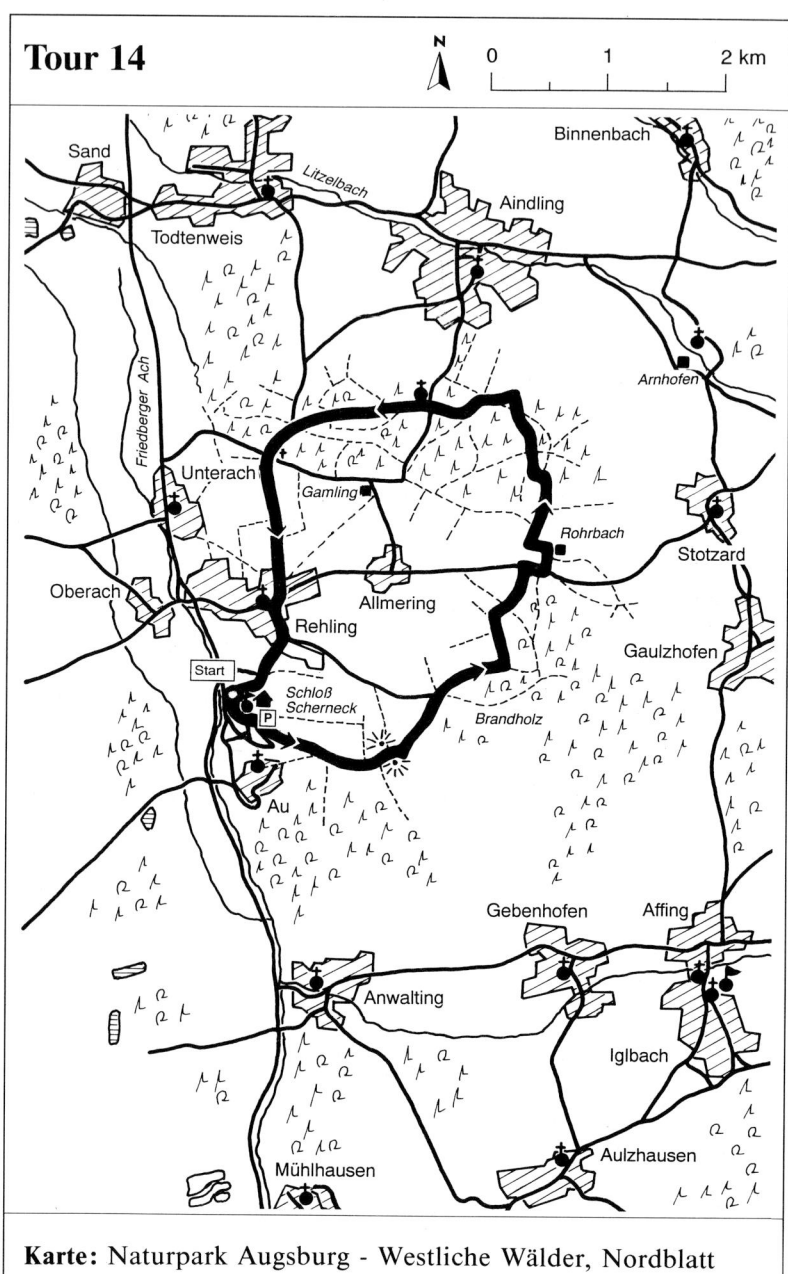

Tour 14

N

0   1   2 km

Sand

Litzelbach

Binnenbach

Aindling

Todtenweis

Friedberger Ach

Arnhofen

Unterach

Gamling

Rohrbach

Stotzard

Oberach

Allmering

Rehling

Gaulzhofen

Start

Schloß
Scherneck

P

Brandholz

Au

Gebenhofen

Affing

Anwalting

Iglbach

Mühlhausen

Aulzhausen

Karte: Naturpark Augsburg - Westliche Wälder, Nordblatt

82

Tour 14

Durch Wald und Feld zum "Durst im Schloß"

Fahren Sie nördlich von Augsburg die Straße von Mühlhausen Richtung Thierhaupten, werden Sie bald auf der Höhe des Lechrains, wie die Ostkante der vom Lech geschaffenen Geländestufe genannt wird, Giebel und Turm von Schloß Scherneck entdecken, den Ausgangspunkt unserer Wanderung ins lieblich dahinter gelagerte Hügelland. Bei Au verlassen wir die Hauptstraße und folgen den Schildern "Scherneck" hinauf zum Schloß, wo Sie ja nicht direkt vor den Biertischen parken müssen.

Im Hof von Schloß Scherneck wartet der Biergarten auf Gäste

Als Besitz der Herren von Rehlingen wurde Schloß Scherneck im 11.Jh. erstmals erwähnt. Das Hauptgebäude wurde nach Plänen des barocken Vorgängerbaus 1848 neu errichtet und stellt den Typ des behaglich-intimen Landschlosses mit biedermeierlichem Einschlag dar. Die Schloßkapelle und das Amtshaus entstanden im 18.Jh.

1823 erwarb Johann Lorenz von Schaezler neben anderen Gütern auch die Hofmark Scherneck samt Brauerei und Rittergut Rehling. Dies geschah auf Wunsch seiner Ehefrau, einer Tochter des Benedikt Adam Liebert von Liebenhofen, den Schaezler 1803 vor dem Konkurs bewahrte. Seinem Schwiegervater kaufte er auch das in der Augsburger Maximilianstraße zwischen 1765 und 1770 errichtete Palais ab, das schon wenig später seinen Namen trug. Nach seinen Verhandlungen im Herbst 1805 mit Kaiser Napoleon I. half er im folgenden Jahr dem Königreich Bayern durch Anleihen aus Geldnot. Warum also sollte er seiner Frau den "kleinen Wunsch" nach einem Schloß nicht erfüllen?

Noch heute wird Scherneck von den Nachfahren dieses legendären Johann Lorenz von Schaezler bewohnt und ist daher der Öffentlichkeit nicht zugänglich. Lediglich der Hof mit den herrlichen alten Linden erlaubt einen Blick auf die schönen Gebäude. Die im Jahr 1719 gegründete Schloßbrauerei mit schon berühmt gewordenen Spezialbieren existiert noch, Wirtschaft und Biergarten auch, doch Appetit und Durst wollen wir uns erst anlaufen.

Vom Schloßhof zurück zur Auffahrtsstraße entdecken wir nach den letzten Wirtschaftsgebäuden links einen Feldweg. Wir bleiben rechts am Rand des Wäldchens, werfen einen Blick auf Au und wandern auf dem Weg, der vom Ort heraufkommt, links zum Feldkreuz.

Immer schöner wird der Ausblick, und an der nächsten Wegeteilung geradeaus, haben wir vom folgenden Linksbogen eine herrliche Rundumsicht: Hinüber nach Rehling, über Au ins Lechfeld mit der kreisrunden Radaranlage, auf Gebenhofen und Affing und bei guter Sicht auch aufs Hochgebirge.

Der Weg zieht hinauf, geradeaus ins Brandholz. Beim Wasserbehälter queren wir die Straße und laufen rechts am Waldrand an der alten Bank vorbei abwärts in eine Talsenke, in der idyllisch ein paar Rehe äsen. Am Wegedreieck mit den Buchen müssen wir links am Waldrand weiter und beim vorgelagerten Feld am Waldende rechts den kaum erkennbaren Feldweg auf den Rücken und wieder vor den Bäumen entlang. Den nächsten Weg kreuzen wir, und bevor es in den Wald geht, nehmen wir links abwärts die Autostraße ins Visier, dann rechts die Kapelle von Rohrbach.

Nach der Bushaltestelle wenden wir uns links zu den Häusern, umrunden zwischen dem alten und neuen Bauernhaus den Hof mit dem Fischteich, werfen - neugierig wie immer - einen Blick in den Kuhstall, und folgen dem Weg dahinter im Links-Rechtsbogen übers Bächlein hinauf zum Wald. Zwei prächtige alte Buchen begrüßen uns. Links am Rand weiter, verschluckt der Rechtsbogen ins Gehölz den letzten hübschen Blick ins sanfte Tal. Als nächstes gleich rechts und an der Viererkreuzung wie auch danach immer geradeaus treten wir am Nordrand ins Freie. Links gewährt eine Bank dem müden Wanderer Rast und einen weiteren schönen Ausblick übers Hügelland und auf Arnhofen.

Auf dem Querweg, der von Aindling kommt, dessen Kirchturmspitze gerade noch herüberlugt, kehren wir links beim Kfz-Sperrschild in den Wald zurück, schwenken beim laubbaumbestandenen Wegedreieck in die Rechtskurve, und weiter geradeaus, treffen wir an der Autostraße auf eine kleine Kapelle. Wir begutachten sie kurz, und bleiben beim Geradeaus. Der Forstweg fällt langsam aber sicher ab, und beim größeren Wegetreff an der schon etwas höher gewachsenen Fichtenschonung gehen wir links abwärts und geradeaus übers Brückchen des Gamlinger Grabens. An der Straße steht ein gut gearbeitetes Flurkreuz neueren Datums. Gegenüber sehen wir einen längeren Anstieg auf uns zukommen (geradeaus bleiben), doch wir genießen dafür wieder die Sonne und den Blick ins ruhige Tal, bis wir die ersten Häuser von Rehling erreichen.

In einer Zollrolle aus dem Jahr 1031 fand Rehling erste urkundliche Erwähnung. Hier wird ein Bertholdus de Rochelingen als Zeuge für das Koster St. Ulrich und Afra in Augsburg genannt. Es dürfte der früheste Nachweis für die Ansässigkeit eines gleichnamigen Rittergeschlechts im Augsburger Raum sein. Auch einige Nachkommen dieses Bertholdus finden sich im 11./12.Jh. als Zeugen im Dienst des Augsburger Klosters. Später nimmt ein Bertholdus des Rohling, der zugleich das Amt des Burggrafen in Freising ausübte, im Gefolge des bairischen Herzogs Ludwig IV., des späteren deutschen Kaisers, eine bedeutende Stelle ein.

Verschiedene Mitglieder dieser Ritterfamilie erreichten hohe Positionen in Land und Kirche, doch mußte 1322 Grimold von Röhlingen die damaligen Stammesgüter einschließlich der mittlerweile drei Burgen samt der Hofgerichtsbarkeit wegen Erbaufteilung verkaufen. Die Rehlinger verzweigten sich in mehrere Nebenlinien, eine davon als einflußreiche Augsburger Patrizierfamilie bis ins 18.Jh.

Die Hofmark ging auf ein nicht minder bedeutendes Geschlecht über, die Gumppenberger von Pöttmes, von deren Verwaltern einige die günstige Lage auf dem Lechrain zu raubritterlichen Zwecken nützten. Anders ist der

Rachezug der Augsburger im Jahr 1388 nicht zu erklären, bei dem die Festung Rehling wie auch Schloß Scherneck zerstört wurden. Scherneck wurde wieder aufgebaut; ab dem 17.Jh. wechselten die Eigentümer in rascher Folge, bis 1823 Schloß und Hofmark in den Besitz der Schaezler übergingen. Rehling als selbständige Gemeinde gehört heute zum Regierungsbezirk Schwaben, die Stammeszugehörigkeit ist jedoch "bairisch".

Rehling durchqueren wir wie folgt: Geradeaus bis zum Vorfahrt-Achtung-Schild, hier rechts und der Hauptstraße in Linkskurve folgen bis zum Maibaum; danach links in die "Hambergstraße", rechts in den "Buchenweg" und geradeaus abwärts den "Strudelweg" weiter. Er führt hinab in ein Buchenwäldchen, in dem im Frühling die blauen Leberblümchen blühen und in dem einige Häuser verstreut sind. Geradeaus auf die alte Weide zu, die sich von der Rückseite hohl, aber doch voll Leben zeigt, nehmen wir jetzt den kurzen, steileren Anstieg sozusagen "mit Links". Der Biergarten erwartet uns mit der Spezialität des Hauses, dem dunklen Doppelbock, und natürlich auch einer kräftigen Brotzeit. Scheint sie Ihnen zu umfangreich, denken Sie daran: Das Brettl brauchen'S ja nicht mitzuessen!

Gehzeit:	*ca. 3 - 3 1/2 Stunden.*
Besondere Hinweise:	Ein klarer Herbst- oder Frühlingstag mit trockenen Wegen ist einem heißen Sommertag vorzuziehen. Biergartenwetter sollte sein, da die Ausstattung des Bräustüberls bei der ansprechenden Küche etwas mehr Liebe verdiente. Mäßige, manchmal jedoch etwas längere Steigungen.
Ausgangspunkt:	Biergarten im Schloßhof von Scherneck, zu erreichen über die Straße von Mühlhausen nördlich bis Abzweig Au. Bushaltestelle in Au oder Rehling.
Einkehrmöglichkeiten:	In Rehling; "Schloßbräustüberl" Scherneck, (geöffnet 10 - 22 Uhr, Montag und Dienstag geschlossen. Ist Montag Feiertag, verschieben sich die Ruhetage), Biergarten. Für unterwegs Brotzeit mitnehmen.
Baden:	Auf der Rückfahrt nach Augsburg am Autobahnsee.

Tour 15

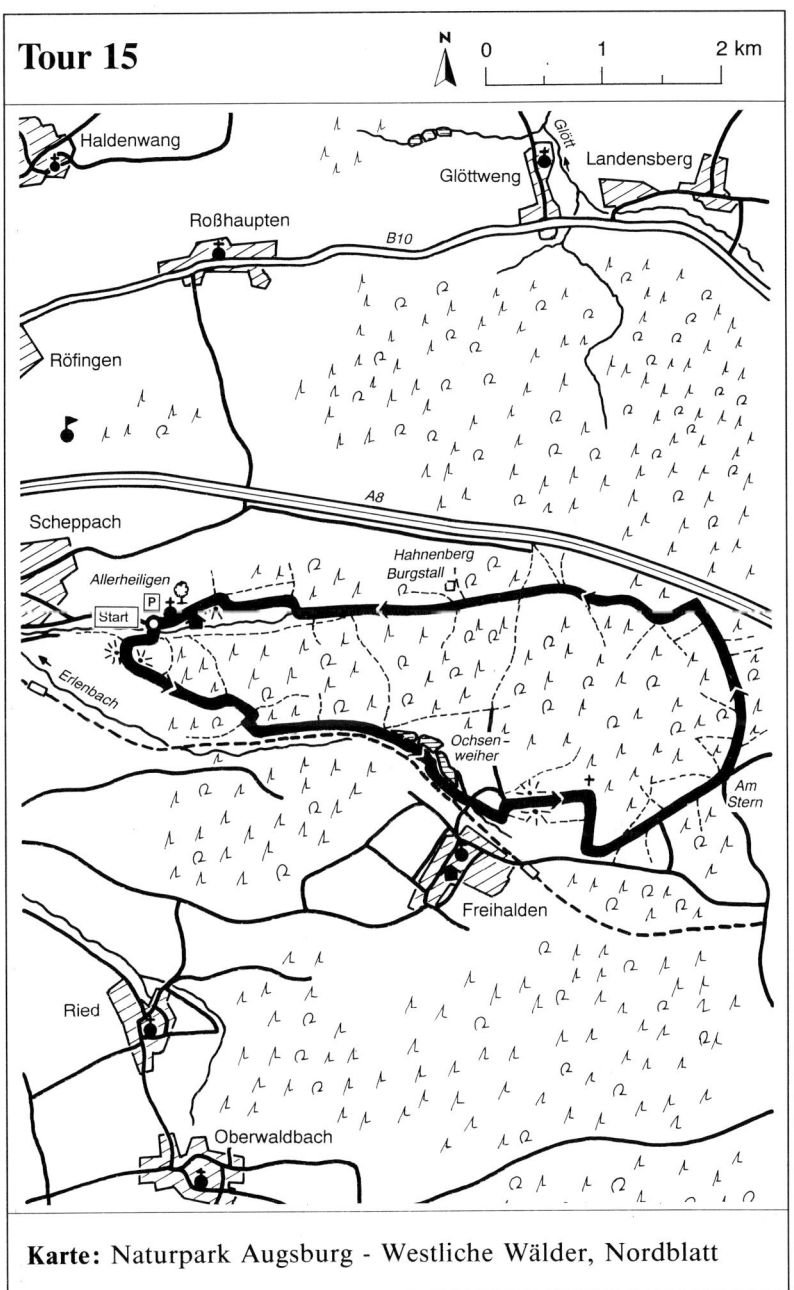

Karte: Naturpark Augsburg - Westliche Wälder, Nordblatt

Tour 15

Zur "Wallfahrerbrotzeit" nach Allerheiligen

Auch bei dieser Wanderung im südlichen Scheppacher Forst ist schwer zu sagen, welche Jahreszeit sich dafür am besten eignet. Daß die Entscheidung auf den Herbst fiel, liegt am bunten Laub, das den Hügel umspielt, auf dem die Wallfahrtskirche Allerheiligen thront, und den vielen Lärchen, die in sattem Gelb die dunklen Fichtenwälder säumen. Wer mehr Wert auf den gemütlichen Biergarten legt, sollte früher im Jahr aufbrechen.

Südlich der Autobahnausfahrt Burgau (BAB München-Stuttgart) liegt zwischen der Westgrenze des Augsburger Naturparks und dem Mindeltal die Gemeinde Scheppach, in der Nichtmotorisierte mit der Wanderung beginnen können. Auf alle Fälle machen wir hier erstmal Station, um die hochgelegene Dorfkirche zu besuchen.

Auf einem Hügel östlich von Scheppach erhebt sich die Wallfahrtskirche Allerheiligen

Scheppach war im 12. und 13. Jh. im Besitz eines Ortsadels und unterstand seit Ende des 15. Jh. dem vorderösterreichischen Oberamt Günzburg.
Die barocke Pfarrkirche Mariä Himmelfahrt erhebt sich auf dem ehemaligen Burgplatz hoch über dem Ort. Sie entstand aus einer früheren baufälligen Kirche, deren Langhaus 1768 abgebrochen wurde. Baumeister war der 1721 in Wollishausen bei Augsburg geborene Josef Dossenberger, der den Sattelturm der gotischen Kirche stehen ließ und den Chor in die Sakristei umwandelte, in der bemerkenswerte spätgotische Wand- und Gewölbemalerein aus dem 15. Jh. erhalten sind (Schlüssel zur Sakristei im Pfarrhaus neben der Kirche). 1779 wurde die neue Kirche geweiht. Die umfangreiche Freskenmalerei und die Altarbilder stammen von dem

Weißenhorner Franz Martin Kuen, der hier für einen Spottpreis von 370 Gulden eines seiner reifsten Werke schuf, eine liebenswerte Huldigung an die Auftraggeber und das Haus Habsburg. Ähnlich wie in der Theklakirche zu Welden wurden die illusionistisch wirkenden Altararchitekturen aufgemalt.

Die Beschilderung "Zur Wallfahrtskirche Allerheiligen" bringt uns zum Parkplatz am Fuß des Heiligenbergs, wo wir unsere Wanderung beginnen wollen. Kirchenbesichtigung und Wallfahrerbrotzeit heben wir uns für später auf.

Wir nehmen rechts den Weg zwischen den Bächen durch und biegen in der folgenden Linkskurve gleich rechts ab. Am Zaun stapfen wir den grünbewachsenen Weg kurz und steil hinauf zur herrlichen Aussicht übers Mindeltal bis Burgau. Aus der Mitte der Szenerie ragt die Scheppacher Kirche auf, gegenüber die Wallfahrtskirche aus dem Herbstbunt der Bäume.

Auf dem Querweg links, betreten wir zwischen den alten Eichen den Wald, freuen uns nochmal am Rückblick und halten uns rechts. Immer geradeaus, an einer Wildfütterung im Buchenbestand vorbei, gehen wir bei den Schildern "Westring, Innerer und Äußerer Ring" rechts abwärts und verlassen die weiß-blaue Markierung bereits auf dem lärchenbestandenen Querweg nach rechts. Nach der Rechtskurve heißt es aufpassen: Links zeigt ein Wegweiser "Nach Freihalden am Bahndamm entlang", Markierung weiß-rot. Sie führt zu einer Wiese vor dem Bahndamm, der Waldrand schmückt sich buchenrot und lärchengelb. Nochmal kurz bergauf, haben wir in der Sonne die Gleise der Strecke Ulm-München direkt neben uns. Wir warten auf den ersten Zug. Fast lautlos kommt er auf uns zu und legt sich in die Kurve; auch Technik kann schön sein.

Linker Hand taucht ein Teich auf, der Ochsenweiher. Verwunschen schwimmen darin Inseln und Entenhäuser. Wir schwenken links ins Wäldchen, durch das ab und zu das Wasser heraufschimmert, und am Zaun rechts, haben wir vom Waldrand den Blick auf weitere Fischteiche. Rechts zurück zum Bahndamm, laufen wir an der Tannenhecke auf Freihalden zu. Wir bleiben vor der Bahnunterführung und haben, kurz links, den nächsten Weg rechts erkoren, der sich am Hang hinaufzieht, um sich anschließend auf der Kante dahinzuschwingen. Nochmal bergauf, beschert uns die Rastbank unter der Baumgruppe einen hübschen Blick aufs verschlafen wirkende Dorf.

Bei Freihalden handelt es sich um eine hochmittelalterliche Rodungssiedlung, die seit 1363 im Besitz der Herren von Knöringen und anderer Adelsfamilien war. Im 17.Jh. verödete der Ort, bis er Anfang des

18. Jh. unter die Herrschaft der Stauffenberger kam. Die Pfarrkirche ist ein Neubau von Dominikus Böhm aus dem Jahr 1928.

Wir machen uns wieder auf, hinter den Bäumen rechts die aussichtsreiche Höhe entlang. Auch hier kann man den Westlichen Wäldern ein wenig Mittelgebirgscharakter nicht absprechen. Am Flurkreuz mit der Birke rechts, scheint die einzelne Scheune schützend ihre Flügel über imaginäre Küken zu breiten, als wir auf sie zulaufen. Angenehm bergab zum Waldrand, an diesem links und auf dem Querweg wieder links, müssen wir nochmal etwas aufwärts. Bei der Kiefer mit der weiß-roten Markierung, an die wir uns nunmehr halten, verschluckt uns auf dem rechten Weg nun für längere Zeit der Wald. Einen großen Ameisenhaufen passieren wir ebenso wie die Vereinshütte mit Grillplatz und bemerkenswertem Baumbestand: Eine alte Eiche, eine kerzengerade gewachsene Kiefer, eine Buche und eine Birke gilt es inmitten des Fichtenbestandes zu bewundern.

Wir sind "Am Stern", einer großen Wegekreuzung. Ein Blick in die Karte besagt, daß halblinks, zum recht entfernten "Violau" richtig ist. Wallfahrer und Wanderer haben eben gesunde Füße. Nun immer auf dem Hauptweg, hören wir bald die nahe Autobahn. Die Teerstraßenkurve verlassen wir sofort wieder nach links und halten uns jetzt an die Schilder "Allerheiligen". Der gepflegte Forstweg senkt sich sanft, aber beständig, macht einen Rechtsbogen und trifft nach einiger Zeit auf die Kreuzung bei der "Talhütte" unter dem Hahnenberg, der ebenfalls einen Burgstall trägt.

Geradeaus weiter, öffnet sich bald ein kleines Wiesental. Bei der spitzwinkeligen Wegeteilung haben wir genug Bäume gesehen. Wir entscheiden uns für rechts, überqueren das erlenbestandene Bächlein und gehen am sonnigen Waldrand weiter. Auf dem Hügel vor uns taucht Allerheiligen auf. Da wir sowieso hinauf müssen, klettern wir am Waldende rechts den steilen Feldweg bergauf zu den Bänken und bummeln, nun die Aussicht übers hübsche Bachtal nach Jettingen, andererseits zur hektsichen Autobahn und den Kühlwolken von Gundremmingen genießend, auf der Höhe der Kirche entgegen.

Seit dem späten Mittelalter ist die Kirche auf dem "Hoilgen", dem Heiligenberg, das Ziel zahlreicher Wallfahrer, wobei die Anfänge der Wallfahrt zu dem spätgotischen Vesperbild eines Ulmer Bidhauers im Dunkeln liegen. Aus den Annalen des Hans Ludwig von Knöringen geht hervor, daß neben der Burg auf dem bereits 1395 erwähnten Burgstall eine kleine Kapelle stand, die nach und nach erweitert wurde. Das baufällige Kirchlein bekam 1731-32 ein neues Langhaus, für das Simpert Kramer den Entwurf lieferte, als leitender Architekt wird mit Sicherheit Josef Dossenberger angenommen.

Der Chor und der obere Teil des Turms wurden wahrscheinlich noch vor dem Bau der Scheppacher Kirche erneuert. 1770-71 erhielt Allerheiligen *den Freskenschmuck aus der Hand des Johann Baptist Enderle. Die 26 Bilder zählen zu den besten Arbeiten des Malers, von besonderem Reiz sind die Szenen aus der Kindheitsgeschichte Jesu an der Empore. Der Hochaltar mit dem Gnadenbild und dem ebenfalls spätgotischen Kruzifix zeigt schönstes schwäbisches Rokoko um 1755. Die Heiligen Franziskus und Josef an der Chorwand sind barocke, die Anna Selbdritt und St. Veronika beachtenswerte spätgotische Werke.*

Auf dem erhöhten Platz der mittelalterlichen Burg, umsäumt von herrlichen alten Linden, wurde um 1746-48 ein Kreuzweg errichtet, als Bildhauer der Kreuzigungsgruppe wird Sebastian Konzmann genannt.

Haben Sie Biergartenwetter gewählt, dürfen Sie sich jetzt an dem romantischen Fleck unter der 113 Jahre alten Kastanie, die der Urgroßvater des Wirts gepflanzt hat, die "Wallfahrerbrotzeit" schmecken lassen. Und wer dem prächtigen dunklen Weizen nicht allzusehr zugesprochen hat, kann hinter der Kirche bei der ausgehöhlten Linde noch die Stufen hinunter zählen zum Parkplatz. Zur Promillekontrolle: Es sind derzeit 151.

Gehzeit:	*ca. 3 - 4 Stunden.*
Besondere Hinweise:	Eine zu jeder Jahreszeit schöne Wanderung, auch im schneearmen Winter möglich; lange Waldstrecken; etwas hügelig, die steilen Anstiege sind nur kurz. Kunstinteressierte sollten die Pfarrkirche in Scheppach nicht versäumen.
Ausgangspunkt	Wanderparkplatz unterhalb der Wallfahrtskirche Allerheiligen, von Scheppach aus Zufahrt beschildert. Die Gemeinde Jettingen-Scheppach ist auch mit Bahn oder Bus zu erreichen.
Einkehrmöglichkeiten:	Gasthaus "Zum Holgenwirt" neben der Wallfahrtskirche, mit Biergarten (Dienstag Ruhetag); in Freihalden 2 Gasthäuser in der Ortsmitte an der Hauptstraße, daher vielleicht besser Brotzeit mitnehmen.

Tour 16

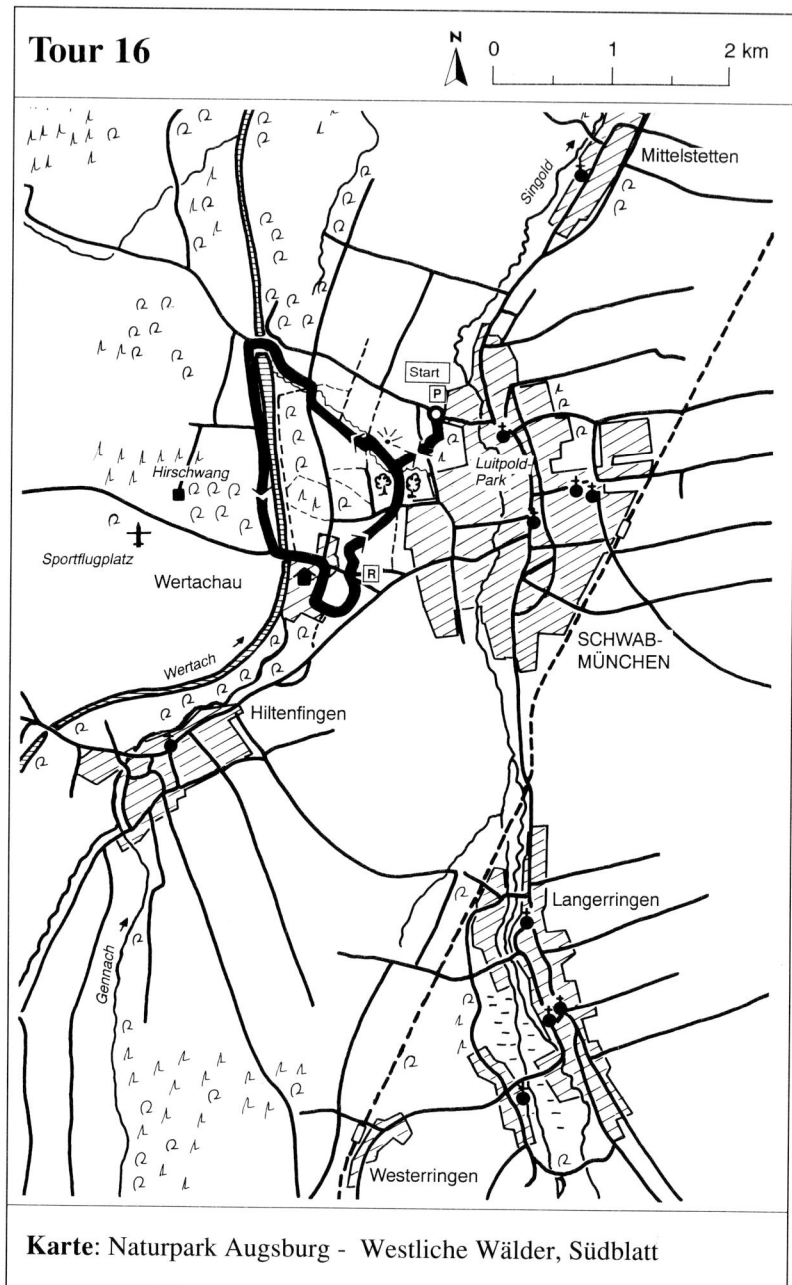

Karte: Naturpark Augsburg - Westliche Wälder, Südblatt

Tour 16

Sonnenspaziergang vom Luitpoldpark zur Wertach

Ein abwechslungsreicher, nicht allzu langer Spaziergang, besonders für Familien mit Kindern, beginnt und endet im Schwabmünchener Luitpoldpark. Essen Sie zum Frühstück ruhig mal ein Brötchen weniger; Ihrer Figur tut's gut, und die Schwäne und Enten im Park freuen sich ebenso wie die Kinder, die die Semmel verfüttern dürfen.

Bus und Bahn fahren nach Schwabmünchen; der Autofahrer hält sich im Norden der Stadt Richtung "Krumbach, Mickhausen" und findet bei der Straßenmeisterei direkt am Luitpoldpark einen Wanderparkplatz.

Schwabmünchen, in der Lech-Wertach-Ebene südlich von Augsburg gelegen, wird 954 in einer Biographie des Bischofs Ulrich von Augsburg als "castellum Mantahinga" erstmals erwähnt. Die Ursprünge der Besiedlung liegen jedoch wesentlich früher, wie Funde aus der Kelten-, Römer- und Alemannenzeit belegen. Das erwähnte Kastell dürfte der Überrest einer fränkischen, merowingisch-karolingischen Grenzbefestigung gegen Bayern gewesen sein. Der Ort und seine Umgebung waren bis zum Beginn des 9.Jh. wohl im Besitz des fränkischen Königs. Karl der Große schenkte die Gemarkung dem Augsburger Hochstift, bei dem sie bis zur Säkularisation blieb. Danach (1804/06) kam Schwabmünchen unter bayerische Herrschaft. Kaiser Ferdinand I. unterstrich die Bedeutung Schwabmünchens durch die Verleihung von Marktrecht und -wappen, der bayerische Staat trug der Entwicklung mit der 1953 erfolgten Stadterhebung Rechnung.

Die hübsche Frauenkirche enthält einen Altar von Jörg Pfeiffer aus dem Jahr 1675.

Sehenswert sind Museum und Galerie an der Holzheystr. 12 mit Dokumentationen über berühmte Söhne der Stadt. So ist ein Bereich dem Mönch und Kalligraphen Leonhard Wagner (1454-1522) gewidmet, einem der bekanntesten Schönschreiber seiner Zeit und Schöpfer der Fraktur. Sein Hauptwerk war die "Probe von hundert Schriften" für Kaiser Maximilian. Des weiteren ist ein Teil des Schaffens von Ferdinand Wagner (1819-1881) zu finden. Die Kunst des Historien- und Freskenmalers wurde weit über die Grenzen Schwabmünchens hinaus bekannt. In Augsburg schmückt sich das Fuggerhaus mit seinen Fresken. (Öffnungszeiten: Sonntag 10-12, Mittwoch 14-17 Uhr, oder nach telef.Vereinbarung unter 08232/5005-54)

Vom Parkeingang rechtshaltend, durchqueren wir zunächst das Gelände mit den Wasserläufen und einem Spielplatz für die Kinder. Am Bächlein entlang und links übers Holzbrückchen, kommen wir zum Teich mit der Brutinsel, an dem sich Enten und Gänse heimisch fühlen und auf das Brötchen warten. Rechts dran vorbei, gehen wir als nächstes links weiter bis zum Parkende.

Wir wechseln über die Straße auf den Fußweg am nächsten Bach, der von wunderschönen alten Birken gesäumt wird. Strahlend gelb stehen sie im Herbstkleid, und von der ebenfalls buntgescheckten Anhöhe der Wertachleite grüßt Schloß Guggenberg.

Bereits um die Mitte des 13.Jh. fand Guggenberg als Forsthof des Augsburger Hochstifts Erwähnung. Ab der Mitte des 15.Jh. wurde es als Lehen an verschiedene Augsburger Adels- und Patrizierfamilien vergeben. Der Schloßbau erfolgte 1470 durch die Familie Langenmantel. Seit der Säkularisation ist es Privatbesitz.

Dem Bach folgen wir hinaus in die Fluren, bleiben bei der ersten Brücke rechts vom Wasser und wechseln erst bei der zweiten die Uferseite. In der Sonne geht es am Bächlein dahin bis zur Querstraße, auf dieser rechts und erneut rechts über eine Brücke. Danach gleich links, bringt uns ein Wiesenpfad zur Autostraße und zur Wertachstaustufe. Überraschend wild eingewachsen zeigt sich das tief eingeschnittene Flußbett, als wir über die Wertach wechseln. Gleich nach der Straßenbrücke gehen wir links hinauf zum Damm und auf diesem weiter.

Es öffnet sich ein Blick übers ruhige, nur von Grün umgebene Wasser. Der betonierte Rand geht bald in ein Naturufer über, an dem im Frühjahr Wasserlilien, Sumpfdotterblumen und später der Waldgeißbart blühen. Eine Wasseramsel fühlt sich gestört und streicht vom Ufer ab. Gegenüber dem Wasserwachthaus schimmert durch den Auwald ein Teich, und wir kehren über die nächste Brücke zurück auf die östliche Flußseite. Der Ortsteil Wertachau empfängt uns mit Maibaum und Gasthaus.

Geradeaus begleitet uns eine Reitergruppe rechts in den "Zehnangerweg" zum Ponyhof bzw. Reitstall. Zwischen älteren Siedlungshäusern hindurch und auf der Querstraße nach dem Baugeschäft links, treffen wir auf den Fußweg "Rund um Schwabmünchen", dem wir nach links folgen. Hübsch verläuft er zwischen dem schmalen Hangwald und dem Afrabach zur Autostraße, an der wir rechts einen Brotzeitplatz entdecken.

Gegenüber weiter "Rund um Schwabmünchen", rückt nach dem Afrawald der schlanke Turm der Schwabmünchener Pfarrkirche ins Blickfeld, die Bedeutung des alten Turms am Wege bleibt uns verschlossen. Wir queren die nächste Straße, dann überrascht uns der schmale "Bader-Huber-Weg" mit alten Bäumen und etlichen netten Ausblicken auf Stadt und Land.

Der Bader-Huber-Weg wird beidseitig von schönen alten Bäumen gesäumt

Über den Bach kommen wir wieder auf den bekannten Birkenweg und zum Luitpoldpark. Diesmal geradeaus hinein, durchqueren wir ihn, an der nächsten Kreuzung links, auf dem Rundwanderweg mit der zuvor erwähnten Beschilderung. Ein stolzer Schwan verabschiedet uns schließlich aus dem hübschen Stadtpark.

Gehzeit:	*ca. 1 1/2 - 2 Stunden.*
Besondere Hinweise:	Leichte, ebene Strecke mit viel Sonne. Gute Wege, fürs ganze Jahr geeignet. Interessant für Kinder durch die Tiere im Stadtpark und die Pferde beim Ponyhof.
Ausgangspunkt:	Parkplätze an der Nordseite des Luitpoldparks in der "Krumbacher Straße" bei der Straßenmeisterei. Schwabmünchen hat Bahn- und Busverbindungen.
Einkehrmöglichkeiten:	An der Wertachbrücke im Ortsteil Wertachau Gasthaus "Zur Brücke", Biergarten (Dienstag Ruhetag); mehrere in Schwabmünchen.
Baden:	Warmwasserfreibad in Schwabmünchen (geöffnet vom Saisonbeginn bis 31.8. von 9 - 20.30 Uhr, ab 1.9. bis Saisonende von 9 - 19 Uhr).

Tour 17

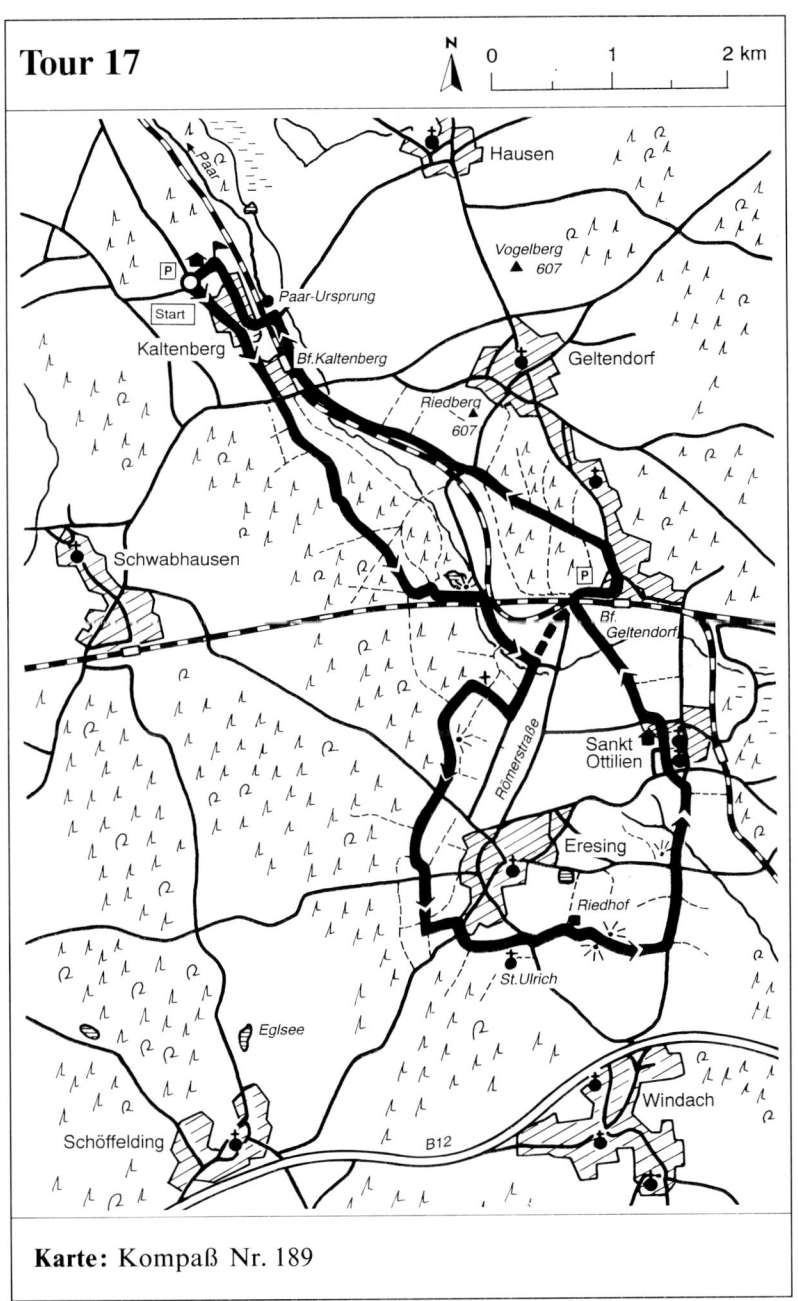

Karte: Kompaß Nr. 189

Tour 17

Vom alten Schloß zum jungen Kloster

Wählen Sie für diese Wanderung einen noch warmen Herbsttag mit klarer Sicht, können Sie alles genießen: Den Biergarten von Schloß Kaltenberg, die herrlich bunten Buchenwälder bei Eresing und das Bergpanorama, das sich hinter St. Ottilien aufbaut. Doch bevor Sie sich in einen der überdimensionalen Knödel, garniert mit Grillhaxe und königlich-bayerischem Gerstensaft, vertiefen, wollen wir etwas ausgiebiger die Wanderschuhe strapazieren.

Kaltenberg finden Sie auf der Karte in der Nähe von Geltendorf, ein Stück nordwestlich des Ammersees. Ausgangspunkt ist der Parkplatz an der Ritterschwemme vor dem Schloß.

In den über 800 Jahren, in denen Kaltenberg existiert, waren nicht immer die Wittelsbacher die Hausherren, so wie gegen Ende des 13.Jh. Herzog Rudolf und heute Seine Königliche Hoheit, Prinz Luitpold von Bayern, im Volksmund schlicht "Poldi" genannt. Immerhin ist er ein Urenkel des letzten bayerischen Monarchen und der siebte in der möglichen Thronfolge. In einer päpstlichen Urkunde erscheint 1179 das Kloster Wessobrunn als Besitzer. Nach den Zerstörungen des Dreißigjährigen Krieges ließen die Landsberger Jesuiten das Schloß wieder aufbauen, und 1845 wurde es unter Hauptmann Sommer neugotisch renoviert.

Trotz höchstrichterlicher Entscheidung, die zumindest dem Weißbier das monarchistische Adjektiv nahm, ist Kaltenberg heute vor allem bekannt für sein "königlich"-bayerisches Bier, das zum Teil aus der im Schloßhof zu findenden Brauerei mit den historischen Lagerkellern kommt. Zur Starkbierzeit ist der dunkle Bock ein Geheimtip, doch Vorsicht, die Wirkung ist "umwerfend"! Sollten jedoch Trommelwirbel und Fanfarenstöße erklingen und vor Ihren Augen gepanzerte Ritter mit heruntergeklapptem Visier und mittelalterlichen Lanzen aufeinander losstürmen, dann liegt das nicht am Bier, sondern es ist Juli, und da finden die alljährlichen "Kaltenberger Ritterspiele" statt, die bereits über die Landesgrenzen hinaus bekannt wurden.

Die Straße vor dem Parkplatz an der "Ritterschwemme", also noch außerhalb des Schloßareals, gehen wir abwärts in den Ort, vorbei an der Elisabeth-Kapelle, die die Ausstattung der nicht mehr vorhandenen Schloßkapelle birgt. Beim Wegweiser "Hausen" bleiben wir geradeaus in der "Walleshauser Straße" und folgen über die Hauptstraße (!) dem Schild

"Gewerbegebiet" in den "Schönauer Ring". Geradeaus geht es in den Wald, an einer hübschen Waldwiese vorbei und immer dem Hauptweg nach bis zu einer Viererkreuzung. Auch hier gerade weiter, sind wir bald drauf am Waldrand vor den Bahngleisen der Strecke Landsberg-München.

Wir wenden uns links, finden das überraschend auftauchende Haus recht einsam gelegen und haben nun direkt am Bahndamm ein herbstbuntes Wäldchen vor uns. Von erhöhter Warte erlaubt es ab und zu den Durchblick ins stille Tal des Weihergrabens. Rechts öffnet sich eine Bogenbrücke, die uns den Durschlupf unter den Bahngleisen ermöglicht. Das nächste Wiesental empfängt uns mit Scheune und Fischteichen; wir laufen auf den spitzen Kirchturm von St. Ottilien zu und kommen zu einer Kreuzung.

Wen der Bierduft bereits hier zurückzieht nach Kaltenberg, geht an dieser Kreuzung links und im Rechtsbogen hinaus zur Bahnunterführung vor Geltendorf. Dort trifft "man" sich wieder.

Der ausdauernde Wanderer schwenkt rechts, auf das im Sonnenschein vor sich hinträumende Eresing zu. An der nächsten Kreuzung gehen wir rechts hinauf zum Waldrand mit einem Kruzifix. Linkshaltend schlängelt sich der Weg weiter südlich, immer schöner wird dabei die Aussicht auf das Benediktinerkloster und auf Eresing. Wir queren die Autostraße und gehen geradeaus noch ein Stück am Waldrand weiter. Unser Weg macht eine Rechtskurve in den Wald, wir verlassen ihn hier, umrunden die Scheune und laufen nun direkt auf den Turm der Eresinger Kirche zu. Zur Besichtigung machen wir später einen Abstecher.

An der nächsten Wegekreuzung rechts, genießen wir auf der folgenden Geradeaus-Strecke den Blick auf den scheinbar "brennenden" Buchenrand. Schön geht es sich in der Sonne unterhalb des Hofes und an einem Flurkreuz vorbei. Erst nach dem Kfz-Sperrschild bei der jungen Eiche biegen wir links ab zu den Häusern. Auf der Autostraße ein paar Meter rechts, dann links in den Kfz-gesperrten Weg unterhalb des ebenfalls buchenbestandenen Hügels, gelangen wir - bei der Wegeteilung und auch vor der Schonung links - an einer Wildfütterung vorbei zur romantisch im Wald gelegenen Kapelle St. Ulrich mit dem Gnadenbrunnen von 1618. Hier bietet sich nicht nur der schöne Ausblick, sondern auch der kurze Abstecher zur sehenswerten Eresinger Kirche an.

Eresings Lage an der alten Römerstraße Augsburg-Brenner war ausschlaggebend für die erstmals 901 erwähnte Siedlung. Die Hofmark war zunächst Sitz der Aresinger, ging von den Vögten von Finning an die Rehling über und 1596 an die Herren von Füll in Windach.

Die Pfarrkirche St. Ulrich, die sich heute als ein Kleinod des Rokoko präsentiert, ist kein einheitlicher Bau. Auf den Mauern einer

*Mit gefälligen Bogen und Ornamenten schmückt sich der
Eingang zur Klosterkirche St. Ottilien*

Vorgängerkirche wurde 1488 die spätgotische Kirche errichtet, die 1620 verlängert und mit einer Unterkirche versehen wurde. 1718 erhöhte Joseph Schmuzer den Turm, und 1756/57 fand unter Dominikus Zimmermann nochmal eine entscheidende Umgestaltung statt. Das Langhaus wurde aufgestockt und die dreigeteilten Bogenfester eingesetzt, die dem üppig dekorierten Innern die nötige Helligkeit gaben. Franz Martin Kuen, in Italien und bei dem Augsburger Bergmüller geschult, schuf den Freskenzyklus aus dem Leben des Hl.Ulrich. Im Langhaus ist die Schlacht auf dem Lechfeld dargestellt, am Chorbogen das Fischwunder des Heiligen. Effektvoll wirkt der zurückhaltende Stuck des Landsbergers Nikolaus Schütz. Hervorragend sind die Luidl-Figuren und die geschnitzten Bekrönungen der Beichtstühle. In der Kreuzkapelle findet sich als Gnadenbild der früheren Wallfahrt ein spätgotisches Kruzifix.

Das Pfarrhaus südlich der Kirche stammt ebenfalls von Dominikus Zimmermann (1755-57). Zusammen mit der 1746 errichteten Mariensäule bilden die drei Bauwerke eine erfreuliche Einheit.

Zurück zur Ulrichs-Kapelle, gehen wir am Waldrand hinüber zur Autostraße und gleich links die Straße durch ein Wäldchen zum aussichtsreich gelegenen Riedhof. Rundum grüßen die Kirchtürme von St. Ottilien, Hechenwang und Andechs, dahinter taucht an klaren Tagen das Hochgebirge auf. Beim Hof links und in Rechtskurve an der Stromleitung abwärts, bleiben wir auf dem Hauptweg, der uns in die Moorlandschaft und wieder zur Asphaltstraße führt. Auf ihr wandern wir links, an Restmoorstücken vorbei, direkt auf den wuchtigen Bau von St. Ottilien zu. Beim Kreuz gehen wir links unter der spalierbewachsenen Südwand zur Treppe, die uns hinauf zur Kirche bringt.

Das 1914 zur Erzabtei erhobene St. Ottilien liegt auf einem flachen Höhenzug nordwestlich des Ammersees mit dem Band der Alpen im Hintergrund. Im früheren Emming war die Kapelle des kleinen Landadelssitzes schon 1365 als Wallfahrt zur Heiligen Ottilia bekannt. Das junge Kloster entstand durch Erwerb (1886) des heruntergekommenen Gutes auf dem Boden des alten Weilers. Der Gründer, P.Andreas Amrhein, verwirklichte seine Idee eines benediktinischen Missionsklosters, das überwiegend in Ostafrika, später in Korea und der Mandschurei wirkte.

Die Missionare sahen ihre Aufgabe auch darin, Kultur und Land ihrer Wirkungsstätten zu studieren und die Heimat darüber zu unterrichten. Ergebnis ist das sehenswerte Missionsmuseum neben dem Kircheneingang mit einer reichhaltigen naturwissenschaftlichen und ethnologischen Sammlung über Ostafrika, das Zulu-Land und den Fernen Osten (geöffnet 10-12 und 13-17 Uhr).

Das Herz der Klosteranlage ist die von 1897-99 nach dem Entwurf des Münchner Architekten Hans Schurr im gotischen Stil erbaute Abteikirche mit dem mächtigen, 75 m hohen Turm. Der in die Vierung der dreischiffigen Anlage gerückte Hochaltar trägt auf kostbaren Marmorsäulen einen Baldachin mit handwerklich ausgezeichneten Metalltreibarbeiten. Das originelle Werk schuf 1906 der Münchner Bildhauer Alois Miller. In der Kreuzkapelle im linken Querschiff finden sich die Gräber der Prälaten mit aufschlußreichen Inschriften über deren Schicksal. Auf dem schwungvollen Ottilienaltar wird die Fürstentochter und spätere Äbtissin von den Diözesanpatronen St. Ulrich und St. Afra flankiert. Die alte gotische Wallfahrtsfigur ist in der nördlich der Kirche auf dem höchsten Punkt stehenden Ottilienkapelle bewahrt.

Der eigentliche Klosterbau umfaßte die Kirche von zwei Seiten, 1911 entstand unter Leitung des Augsburger Architekten Michael Kurz der stattliche Südbau, der 1955 durch einen weiteren Trakt nach Westen verlängert wurde. Der Klostergasthof trägt zur Erinnerung an den alten Ort den Namen "Emminger Hof".

Wir steuern den Gasthof an - wer hungrig und durstig ist, auch hinein, das Klosterbier stammt aus Andechs - durchqueren den dahinter liegenden Parkplatz und müssen ein Stück auf der Autostraße links weiter, bis uns rechts der nächste gesperrte Feldweg aufnimmt. Der Waldrand empfängt uns mit alten Eichen, der Weg nach dem Wäldchen zur Bahnunterführung vor Geltendorf mit einer schlankgewachsenen Pappelreihe.

Hier nehmen wir die Kurzwanderer wieder mit.

Unter der Bahn durch, sind wir am S-Bahnhof-Parkplatz von Geltendorf. Wir folgen links der Hauptstraße ein Stück in den Ort, bis wir auf das bekannte Kaltenberg-Schild treffen mit dem Zusatz "Fußweg nach Kaltenberg", auf dem wir die laute Straße verlassen.

Schon vor 1000 Jahren wurde Geltendorf in einem Stiftungsbrief erwähnt. Daß die Besiedelung bereits in der Stein- und Bronzezeit stattgefunden hat, beweisen die in der Umgebung aufgefundenen Hockergräber. Geltendorf lag ebenfalls an der Römerstraße Augsburg-Brenner.

Die 1493 entstandenen Pfarrkirche St. Stephan mit dem spätgotischen Kern wurde 1694 verändert und erhielt ihre Stuckausstattung in der Rokokozeit. Das Chorfresko malte Matthäus Günther um 1754, die Plastiken schuf Lorenz Luidl.

Schattig geht es kurz durch den Wald, dann laufen wir hinaus in die freien Wiesen, an der Scheune vorbei zum Wegedreieck mit Kreuz. Links und gleich wieder rechts hält der Weg neben den Bahngleisen direkt auf Kaltenberg zu. Hinter der Hügelkuppe taucht die Kirche von Geltendorf auf, noch etwas entfernt aus dem bunten Laub der Schloßturm. Wir genießen die Sonne und die freie Sicht, queren die Autostraße (!) und erst nach dem Bahnhof die Gleise. Danach rechts, bringt uns der Kfz-gesperrte Weg zuletzt etwas steiler hinauf zum Schloß, zum langersehnten "festen und flüssigen Brot".

Gehzeit:	*ca. 5 - 6 Stunden;* Nordrunde: Kaltenberg - Geltendorf ca. 2 1/2 - 3 Std., Südrunde: S-Bahn-Parkplatz Geltendorf - Eresing - St. Ottilien ca. 2 1/2 - 3 Std. (Start am S-Bahn-Parkplatz, rechts unter der Bahn durch, gleich rechts und nächste links, kommt zur Kreuzung, die als Abkürzung angegeben, ab hier mit Gesamttour weiter).
Besondere Hinweise:	Leichte Strecke mit nur geringen Höhenunterschieden; überwiegend sonnig, auch für Frühjahr oder Sommer. Missionsmuseum in St.Ottilien nicht versäumen.
Ausgangspunkt:	Schloß Kaltenberg, Parkplatz an der "Ritterschwemme". Bahnhof in Kaltenberg.
Einkehrmöglichkeiten:	Schloß Kaltenberg: 2 Biergärten, in einem darf man Brotzeit mitbringen, Bräustüberl und Ritterschwemme ganzjährig geöffnet (Bräustüberl Dienstag Ruhetag); in St.Ottilien "Emminger Hof" (Dienstag Ruhetag, November geschlossen), Terrasse.
Baden:	im nicht allzu weit entfernten Greifenberg oder Eching am Ammersee (siehe Tour 11).

Tour 18

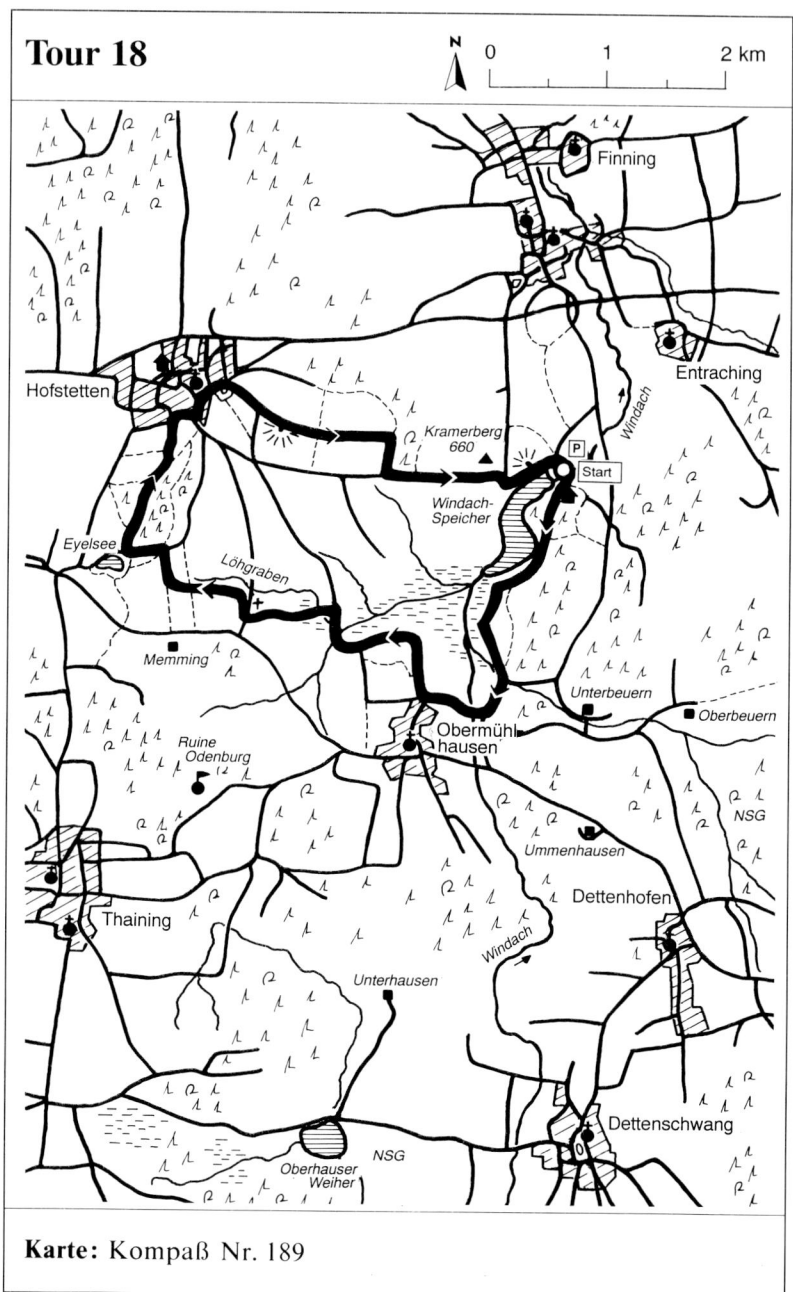

Karte: Kompaß Nr. 189

104

Tour 18

Ein stiller Stausee und Berge, soweit das Auge reicht

Sogar im Herbst können Sie noch die Badehose einpacken, falls Ihre Haut nicht auf Thermalbadtemperaturen besteht. Der Windachspeicher, südöstlich von Landsberg zwischen Lech und Ammersee gelegen, ist durch sein Moorwasser von Haus aus wärmer als andere Seen. Doch zunächst wollen wir an den Parkplätzen unterhalb des Staudamms zu einer schönen Wanderung starten, gebadet wird hinterher.

Zur Anfahrt: Über Landsberg Richtung "Weilheim, Dießen", geht es nach Pürgen links "Hofstetten, Ammersee", bei Finning rechts zum "Windachspeicher", beim Wegweiser "Obermühlhausen" rechts, dann links zum Parkplatz.

Der Windachspeicher ist etwa 2 km lang und ca. 130 ha groß. Mit seinem weichen, warmen Moorwasser schmiegt er sich in ein geschütztes, nur von Grün umgebenes Tal. Der Badeplatz befindet sich unterhalb der zur Saison bewirtschafteten "Windachsee-Alm". In diesem Bereich werden für Jugendliche auch Zelt- und Freizeitlager durchgeführt.

Herbstvergessen träumt der Windachspeicher vor sich hin.

Wir steigen über die seitliche Treppe auf den Damm zu einem ersten Ausblick über den ruhig und verträumt daliegenden See, spazieren links zur "Windachsee-Alm" und davor rechts abwärts den Pfad über die Badewiese zum Wald. Das Steiglein weicht nach links einer Feuchtstelle aus, und die Fußspuren rechts durch den Wald bringen uns wieder zum Seeufer, dessen dunkles Wasser in herrlichem Kontrast zu den sonnengelben und rötlichbraunen Blättern steht. Ein Schwanenpaar scheint ebenso die Herbstsonne zu genießen, wie der vergnügte Wanderer, der dem lustigen Wurzelpfad mal höher, mal tiefer über dem See folgt. Nochmal gilt es ein sumpfiges Terrain zu queren, das sich je nach Wasserfestigkeit Ihrer Schuhe ebenfalls links oberhalb umgehen läßt.

Das Wäldchen entläßt uns auf einen festen Feldweg nahe dem großen Schilfgürtel, an dessen Rand wir geradeaus mit einem ersten Blick auf die Zugspitze und hinüber nach Obermühlhausen hinauswandern zur Autostraße. Rechts über einen Zufluß zu den Fischteichen, verlassen wir kurz drauf wieder rechts die Straße und überschreiten die in kleinen Kaskaden dahinplätschernde Windach. Im moorbraunen, aber glasklaren Wasser tummeln sich prächtige Forellen, während sich unser Hund bei den ersten Häusern von Obermühlhausen mehr für die Dorfkatzen interessiert.

Gegenüber der "Bergstraße" laufen wir rechts in die Moorwiesen und bei der Linkskurve geradeaus auf den Hochstand zu. Beim Schild "Landschaftsschutzgebiet" verliert sich der Feldweg beinahe, führt aber hier im Linksbogen in das kleine Gehölz mit uralten Holunderbüschen. Zwei Rehe stehen am Wege, als wir es verlassen und auf dem Teersträßchen rechts der Bachbrücke zu streben. An der Viererkreuzung links, marschieren wir durch die sonnigen Wiesen auf die einzelnen Häuser zu und weiter bis zur Vorfahrtsstraße, auf dieser rechts bis zum Feldkreuz in der Wiese mit Baum und Bank, ein netter Rastplatz mit Bergblick.

Wer noch frisch ist, wendet sich gleich links in den Feldweg. An der Scheune geradeaus, zieht das Weglein leicht bergan in eine Rechtskurve und auf den nächsten Stadel mit einer schönen Eiche zu. Der Hofstetter Kirchturm spielt weiterhin mit uns Verstecken: Mal mehr, mal weniger taucht er nadelspitz hinter den Moränenhügeln auf. Links bringt uns das Teersträßchen zu dem fast kreisrunden, verträumten Eyelsee.

Der nächste Weg führt in spitzem Winkel rechts hinauf zum Waldrand mit hübschem Ausblick. Kurz drauf geleiten uns rote Punkte nach rechts in und durch den Wald bis Hofstetten. Hübsch liegt der kleine Ort über den Fischteichen, vor denen wir links bis zur Hauptstraße gehen; zwei Gasthäuser hat er auch zu bieten. Rechts treffen wir auf den "Käserwirt" mit Biergarten, in dem der Hund ungeniert seinen Knochen verspeisen darf, die

Über den Fischteichen erhebt sich Hofstetten

"Alte Post" finden Sie beim Maibaum.

Geradeaus die Hauptstraße weiter, halten wir uns an der Querstraße links, "Oberfinning, Unterfinning", und bei der Mariensäule vor dem farbenfroh bemalten Haus rechts. Schräg rechts zweigen wir in die "Eichbergstraße" ab, dann weist uns ein rotes Wanderschild in die zweite Straße nochmal rechts. Nach den letzten Häusern schlängelt sich der Feldweg auf einen 687 m hohen Moränenhügel, dahinter erwartet uns bei der Baumgruppe die Aussichtsbank schlechthin.

Unser Blick schweift über den gelbbraunen Schilfgürtel zum vorhin durchwanderten Obermühlhausen und über die liebliche Hügellandschaft, aus der einzelne Kirchtürme ragen.Relativ niedrig nimmt sich der Hohenpeißenberg vor der von Horizont zu Horizont verlaufenden Gebirgskette aus; Berge, so weit man schauen kann! Im Osten grüßt Kloster Andechs stolz von der Höhe, Reitergruppen ziehen durchs Gelände, Bussarde kreisen im blauen Himmel - hier unter den alten Bäumen läßt es sich verweilen und die Herbstsonne genießen.

Beim Abwärtsgehen bleiben wir geradeaus, bis der Weg nach der zweiten Scheune eine Linkskurve beschreibt. Hier halten wir rechts auf das Wäldchen zu, gehen auf der Betonpiste kurz links und rechts den nächsten

Feldweg weiter bergab. Am Waldrand der Rechtskurve nach, senkt er sich in ein Waldstück. Danach müssen wir links zwischen Zaun und Bäumen hinunter zum Schilf des Windachspeichers. Am Rand entdecken wir links den Fußpfad, der uns, manchmal auch etwas feucht, zu den Wiesen am See bringt. Wir saugen erneut die Ruhe auf, die dieses Gewässer ausstrahlt, und gewinnen auf dem anschließenden Waldweg nochmal ein paar Höhenmeter. Oben am Waldrand rechts, wird diese Mühe mit einem schönen Blick auf Finning belohnt. Am Waldende rechts hinab zum Damm, laufen wir hinüber zum Treppchen und Parkplatz.

Sollte der Windachspeicher einen höheren Wasserstand aufweisen und der Pfad zwischen Schilf und Waldrand nicht begehbar sein - man sieht es auf dem Hinweg bereits vom gegenüberliegenden Ufer, etwa an der zweiten Feuchtstelle - verzichten Sie auf diesen Abstecher zum See. Sie können auf dem Betonsträßchen geradeaus weitergehen, sich rechts zum Waldrand orientieren, wo der Seeweg heraufkommt, und in gleicher Weise die Tour beenden. Sollten die Füße schon naß sein, können Sie sich ja noch den Sprung ins braune Moorwasser überlegen, auch der restliche Körper verträgt ab und zu ein bißchen Frische.

Gehzeit:	*ca. 3 - 4 Stunden.*
Besondere Hinweise:	Fast durchweg sonnige Strecke mit geringen Steigungen. Im Seebereich teils schmale Pfade mit kurzen Feuchtstellen, Rückweg am Ufer nicht immer begehbar (siehe letzten Absatz). Auch fürs Frühjahr geeignet, im Sommer bedingt, da wenig Schatten, dafür Bademöglichkeit. Nur ein klarer Tag eröffnet das Alpenpanorama.
Ausgangspunkt:	Parkplatz an der Staumauer des Windachspeichers südlich von Finning.
Einkehrmöglichkeiten:	In Hofstetten "Alte Post" (kein Ruhetag) und "Käserwirt" (Biergarten); Windachsee-Alm (saison- und wetterbedingt).
Baden:	Im Windachspeicher unterhalb der Windachsee-Alm.

IV. Winter

Strebt die Sonne am 21. Dezember ihrem Jahrestiefstpunkt zu, liegt das Land zuweilen schon unter einer dichten Schneedecke. Licht in die dunklen Tage bringen die Adventskerzen, und der Nikolaus steckt den Kindern die ersten Süßigkeiten in die Stiefel. Im Mittelalter war er der einzige Gabenbringer, erst nach der Reformation übernahm das Christkind seine Rolle. Mitten in die Finsternis fällt Weihnachten, das zunächst als Tauffest Jesu am 6. Januar gefeiert wurde. Erst im 4.Jh. legte es die Kirche auf den 25. Dezember, um mit der Geburt des römischen Sonnengottes und des persichen Lichtgottes gleichzuziehen.

Danach beginnen die Rauhnächte, die mit viel Aberglauben und seltsamen Bräuchen verbunden waren und sind. Die alten Germanen versuchten sich der Winterdämonen mit dem "Heidenlärm" zu erwehren, den wir z.B. heute noch in der Silvesternacht veranstalten. In den Alpenländern fürchtete man besonders die "Wilde Jagd", die sich mit Peitschenknall und Rösserschnauben ankündigte und der man mit Öffnen von Tür und Fenster Durchzug gewähren mußte. Auch viele unserer Fastnachtsbräuche wurzeln in heidnischen Kulten. Für die Bauern war mit Maria Lichtmeß am 2. Februar ein wichtiger Tag. Viele Wetterregeln knüpfen sich daran, außerdem wurden der Jahreslohn ausgezahlt, Schulden getilgt und das Gesinde eingestellt oder gekündigt. Den am Lichtmeßtag geborenen Kindern sagt man im übrigen hellseherische Fähigkeiten nach.

Die braucht der Wanderer manchmal auch, um gebahnte oder feste Wege zu finden. Mit den folgenden erprobten Touren wird's ein wenig leichter, sich ganz dem Zauber eines schönen Wintertages hinzugeben oder die eigene Kreativität zu entfalten; denn:

*Wann haben Sie zum letzten Mal
einen Schneemann geküßt?*

Tour 19

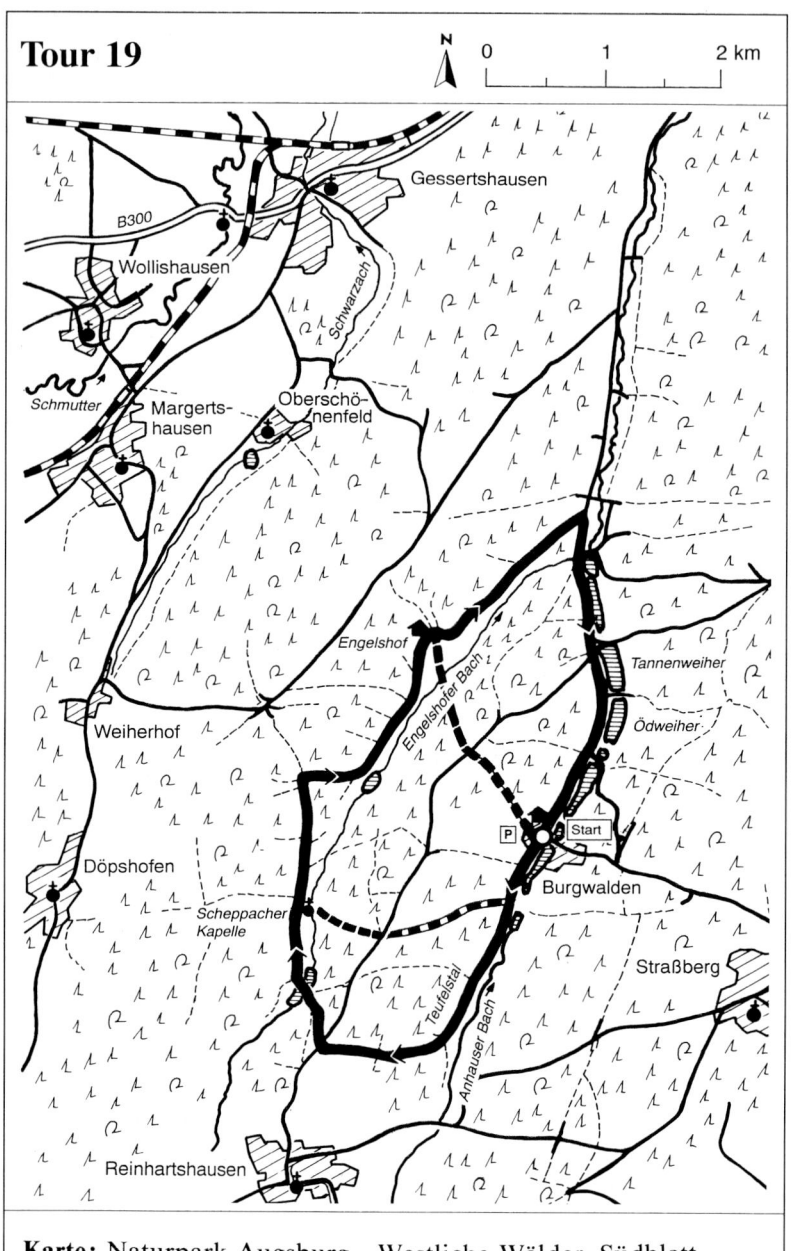

N 0 1 2 km

Gessertshausen

B300

Wollishausen

Schwarzach

Schmutter

Margerts-hausen

Oberschö-nenfeld

Engelshof

Engelshofer Bach

Tannenweiher

Weiherhof

Ödweiher

P Start

Döpshofen

Burgwalden

Scheppacher Kapelle

Straßberg

Teufelstal

Annhauser Bach

Reinhartshausen

Karte: Naturpark Augsburg - Westliche Wälder, Südblatt

110

Tour 19

Durch verschneite Wälder in ein sonnendurchwärmtes Tal

Suchen Sie den Zauber winterlicher Wälder, haben Sie im Naturpark Augsburg im Bereich von Burgwalden dazu Gelegenheit in verschiedener Ausdehnung, je nach Lust und Laune, Kondition und Wetter. Bevor Sie sich also bei 18 Grad minus das Näschen anfrieren, dürfen Sie schon mal eine der Abkürzungen nehmen.

Wir starten im Anhauser Tal in Burgwalden, westlich von Bobingen, am Parkplatz vor dem Weiher. Der Bus fährt auch dorthin.

Burgwalden entstand im 11.Jh. als Rodungssiedlung und wurde bis etwa 1503 "Attenhofen" oder auch "Ettenhofen" genannt. Es befand sich zunächst im Besitz des Benediktinerklosters St. Ulrich und Afra in Augsburg. Anfang des 16.Jh. erschien der Augsburger Patrizier und Handelsherr Ambrosius Höchstätter der Ältere als Grundherr. Im südlichen Weiher stand das von ihm erbaute Wasserschloß, das um 1570 in die Hände derer von Stetten, 1604 an die von Rehlingen und 1628 an die Fugger kam. 1766 war das Schloß bereits so gut wie verschwunden.

Die Kapelle Unsere Liebe Frau und Franziskus stand schon um die Mitte des 12.Jh. und wurde 1513 durch einen Neubau ersetzt; der Innenraum erhielt 1766 eine neue Gestalt. In der Kirche ist der 1550 verstorbene jüngere Ambrosius Höchstätter beigesetzt.

Da am frühen Vormittag die Temperaturen meist noch recht "schattig" sind, wenden wir uns erstmal südlich, der Sonne entgegen. Rechter Hand Kirche und Häuser, marschieren wir am Teich entlang ins offene Tal. Über die Ausläufer des Golfplatzes gleiten mehr oder weniger gekonnt die Langläufer, und wir schreiten kräftig aus, am Waldrand geradeaus nach "Reinhartshausen" ins romantische Teufelstal. Schon ist uns wärmer, die Sonne im Gesicht tut ein Übriges. Bei der großen Eiche mit dem Hochstand zieht der Weg rechts hinauf in den Wald, und als wir oben auf der Hochstraße stehen, pulsiert das Blut auch in den Fingerspitzen.

Ein paar Schritte rechts, weist das Schild "Scheppacher Kapelle" nach links in einen schmalen Weg, der im Winter meist getreten ist. Unter herrlichen, kerzengerade gewachsenen Tannen bringt er uns in fröhlichen Windungen hinunter zu den Scheppacher Weihern. Frosterstarrt liegen sie unter Eis und Schnee versteckt, nur das braune Schilf kündet von ihrem

Viel Sonne findet der Wanderer um Burgwalden im Anhauser Tal.

Dasein. Zwischen den Tannenhecken überschreiten wir den Damm, gehen anschließend rechts und kommen an einer Wildfütterung vorbei zur Scheppacher Kapelle, die mit ihrem gelben Anstrich wie ein Sonnenfleck in der verschneiten Lichtung wirkt. Sie strahlt die Ruhe aus, die der streßgeplagte Mensch heute sucht und braucht.

Das Kirchlein St. Loreto wurde 1601 vom Kloster Oberschönenfeld erbaut und gehörte zum längst verschwundenen Weiler Scheppach. Nach der Erweiterung 1741 wurde es im Jahr 1865 bis auf den Chor abgebrochen.

Wer sich auf dieser Strecke bereits genügend erholt hat, kehrt auf der *Abkürzung 1* zurück nach Burgwalden: Um die Kapelle herum rechts Richtung "Burgwalden" bringt Sie ein Aufstieg zum Scheitelpunkt des 567 m hohen Galgenberges. Die breite Forststraße wird gequert, dann senkt sich der Weg sanft zur bekannten Waldecke am Golfplatz, links geht es nach Burgwalden.

Der *ausdauernde Wanderer* hält sich geradeaus an die Wegweiser "Engelshof", der eine warme "Glühweinstube" und Nahrung verspricht. Wir bewundern die mit Schneekristallen verzierten Äste und Gräser, die Fichten zeigen dicke weiße Pfötchen, und ein weiteres Schild weist uns scharf rechts zum "Engelshof". Doch vor die Einkehr ist noch ein Stückchen Weg gesetzt. Die frische Winterluft macht Appetit, so streben wir etwas eiliger durch den Großen Wald und zuletzt auf schmalem Pfad am Zaun entlang zur Freifläche, auf der sich in der fahlen Wintersonne der Engelshof präsentiert. Auf den Koppeln ringsum tummeln sich neben Pferden, Schafen und Ziegen auch die wollig-zotteligen Hochlandrinder aus Schottland, deren ungewohnter Anblick unserem Hund einige "Wuffs" entlockt, bevor er sich in der Gaststube unter dem Tisch zusammenrollt.

Der Engelshof war ehemals ein Schlößchen, gehörte bis 1803 dem Augsburger Kloster St. Georg und ist heute noch Gutshof und Gastwirtschaft. Die Kernbauten aus dem 17. und 18.Jh. sind nur noch teilweise erhalten.

Ein Aushang besagt, daß hier der Gast König ist, und da Könige bekanntlich Zeit haben, schreiben Sie es der schwäbischen Gemütlichkeit zu, falls Sie diesen Ort etwas später als vorgesehen verlassen. Ums Haus rechts herum, nehmen wir unsere Wanderung wieder auf. Kurz drauf haben glühweinmüde Füße die Möglichkeit zur

2. Abkürzung: Den breiten Weg weiter geradeaus abwärts, drüben im Wald etwas steiler hinauf, dürfen Sie sich den Schildern "Burgwalden" anvertrauen; sie bringen Sie sicher zurück.

Wer noch fit ist, zweigt links ab in den schmaleren Weg, hinunter zum Teich. Am Waldrand äsen die ersten Hirschkühe im sich neigenden Licht, und die noch sonnendurchfluteten Wiesen um den Engelshofer Bach begleiten uns sanft fallend ins Anhauser Tal. Hier rechts, folgen wir ständig geradeaus dem breiten Talweg von Fischteich zu Fischteich, genießen die hübschen Ausblicke und erfreuen uns am bunten Langlaufvölkchen, das auch in diesem Bereich des Golfplatzes seine Runden zieht. Ein wenig müde, dafür mit sauerstoffgefüllten Lungen, trudeln wir schließlich wieder in Burgwalden ein. Eines weiß ich allerdings jetzt schon: Sie werden schlafen wie ein Bär!

Gehzeit:	*ca. 3 - 4 Stunden;* 1. Abkürzung: Scheppacher Kapelle - Burgwalden ca. 2 - 2 1/2 Std., 2. Abkürzung: Engelshof - Burgwalden ca. 2 1/2 - 3 Std.
Besondere Hinweise:	Weitgehend windgeschützte Waldwanderung, im Anhauser Tal und um den Engelshof Sonne. Die kurzen, schmaleren Wege sind meist getreten, die breiten Forstwege gebahnt oder durch Fahrspuren gut begehbar. Schöne Ganzjahreswanderung, im Sommer viel Schatten, nur kürzere Steigungen.
Ausgangspunkt:	Burgwalden im Anhauser Tal, westlich von Bobingen. Bushaltestelle.
Einkehrmöglichkeiten:	"Engelshof", ab 10 Uhr geöffnet (Dienstag Ruhetag, im November geschlossen); "Waldgaststätte" in Burgwalden (im November geschlossen; Dezember, Januar und Februar Montag und Dienstag Ruhetag; übrige Zeit Montag Ruhetag), Biergarten; Rastplatz an der Scheppacher Kapelle.

Tour 20

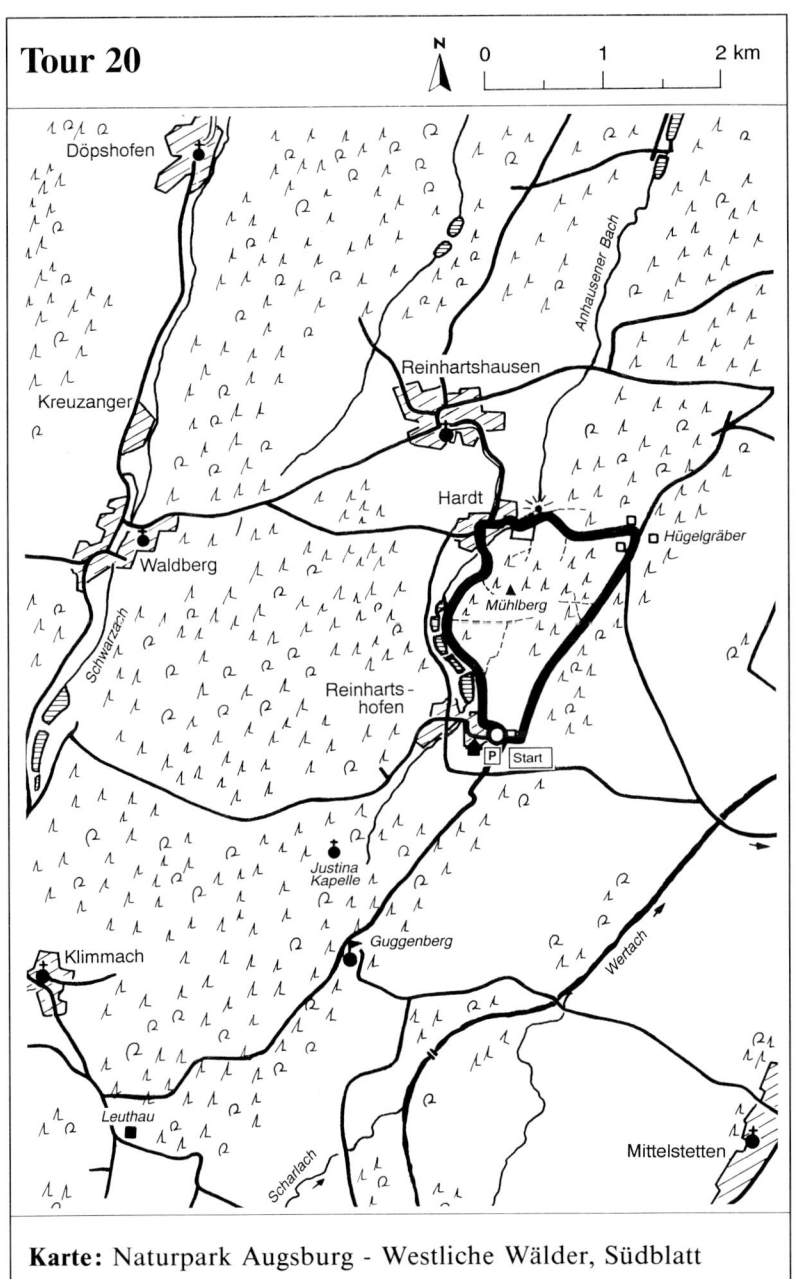

Karte: Naturpark Augsburg - Westliche Wälder, Südblatt

Tour 20

Kleine Rundwanderung auf dem Schwäbisch-Allgäuer Wanderweg

Was manchmal zur Qual der Wahl werden kann, nämlich die vielen Varianten der Fernwanderwege, avanciert in den Westlichen Wäldern bei Reinhartshofen zum gut markierten Vergnügen. Wenn nicht allzu viel Schnee liegt, ist auch die Variante des Schwäbisch-Allgäuer Wanderweges über Hardt gut begehbar. Sollten Sie durch tieferes Weiß stapfen, lassen Sie sich von der Wirtin im Gasthof "Donderer" erzählen, wie ihre Vorfahren früher jeden Tag nach Königsbrunn zur Arbeit mußten, auch im Winter! Sie dürfen dagegen unsere Kurzrunde als freiwilligen Nachmittagsspaziergang betrachten.

Südlich von Augsburg fahren wir von Großaitingen nach Reinhartshofen und parken gleich beim Gasthof. Auch der Bus bringt Sie hin.

Reinhartshofen war im 12.Jh. Wohnsitz eines Dienstmannengeschlechts des Augsburger Klosters St. Ulrich und Afra und stand unter der Landeshoheit der Markgrafschaft Burgau.

Etwas oberhalb vom "Donderer" entdecken wir den mit dem blauen Andreaskreuz gekennzeichneten Fernwanderweg. Als schmaler Pfad führt er nördlich in den lieblichen Talgrund zu mehreren Fischteichen. Wir passieren einen nach dem andern, dann geht es ein kurzes Stück aufwärts durch den Hochwald und im Linksbogen hinaus in die Wiesen. Vor uns liegt der Gutshof von Hardt.

Der große Gutshof gehört zur Freiherr von Lotzbeck'schen Forst- und Gutsverwaltung. Die Kreuzwegstationen des Augsburger Malers Joseph Mages aus der 1945 abgebrannten Schloßkapelle befinden sich heute in der Kirche im nahen Reinhartshausen.

Über die kleine Holzbrücke queren wir einen winterverzauberten Wasserlauf, den Anhauser Bach, und wandern rechts vor der Mauer, hinter der sich vergangene Gutsherrenpracht erahnen läßt, zur Straße. Hier rechts und gleich wieder rechts, kommen wir erneut übers Bächlein und am Ende der Teerstraße in eine wunderschöne alte Lindenallee. Hübsch ist der Blick hinüber nach Reinhartshausen, bevor wir am Waldrand entlangbummeln. Leicht steigt der Weg an und trifft auf die querlaufende Route des Schwäbisch-Allgäuer Wanderweges.

Winterlich verzaubert schlängelt sich der Anhauser Bach durchs Tal bei Hardt.

An dieser Stelle verzeichnet die Karte alte Hügelgräber (*siehe dazu Tour 2*), wir halten uns rechts und folgen weiterhin dem blauen Kreuz und den Wanderschildern "Reinhartshofen". Ein herrlicher Buchenwald umgibt uns, bevor wir wieder freies Feld erreichen und rechts hinabgehen zur immerhin ein wenig verdienten Einkehr.

Für den Biergarten, in dem Ihnen im Sommer schon mal eine Zwetschge ins Glas fallen kann, ist es leider zu kalt. Sie sollten aber trotzdem bei einer kleinen Brotzeit auf die Melk- und Fütterzeit warten, denn dann dürfen Sie auch mal einen Blick in den Stall werfen. Besonders für Kinder ist es ein Erlebnis, wenn sie ein Kälbchen streicheln dürfen oder ihnen die Kuh mit ihrer Reibeisenzunge über die Hand fährt. Unter dem Stalldach kleben Schwalbennester in zweistelliger Zahl, und während die Kinder noch mit Nestzählen beschäftigt sind, interessieren wir uns für die Technik. Die nette Wirtin, nunmehr ganz Bäuerin, erklärt uns die Rückgewinnung der Wärme bei der Milchkühlung. Damit wird das ganze Warmwasser für den Stall erzeugt, auf größeren Höfen reicht es noch fürs Bad. Seitdem überlegen wir ernsthaft, ob wir uns nicht eine Kuh in den Garten stellen sollen.

Gehzeit:	*ca. 1 1/2 - 2 Stunden.*
Besondere Hinweise:	Kurze Runde mit kaum nennenswerten Steigungen, teils Sonne, teils Schatten, Schnee sollte wegen des anfänglichen Wiesenpfades nicht zu hoch liegen. Ganzjahresgeeignet.
Ausgangspunkt:	Gasthof "Donderer" in Reinhartshofen. Busverbindung.
Einkehrmöglichkeiten:	Gasthof "Donderer", ganzjährig geöffnet (kein Ruhetag, außer die Wirtin ist ausnahmsweise mal nicht da).
Baden:	Im Sommer in einem der Teiche (am Steg) möglich.

Tour 21

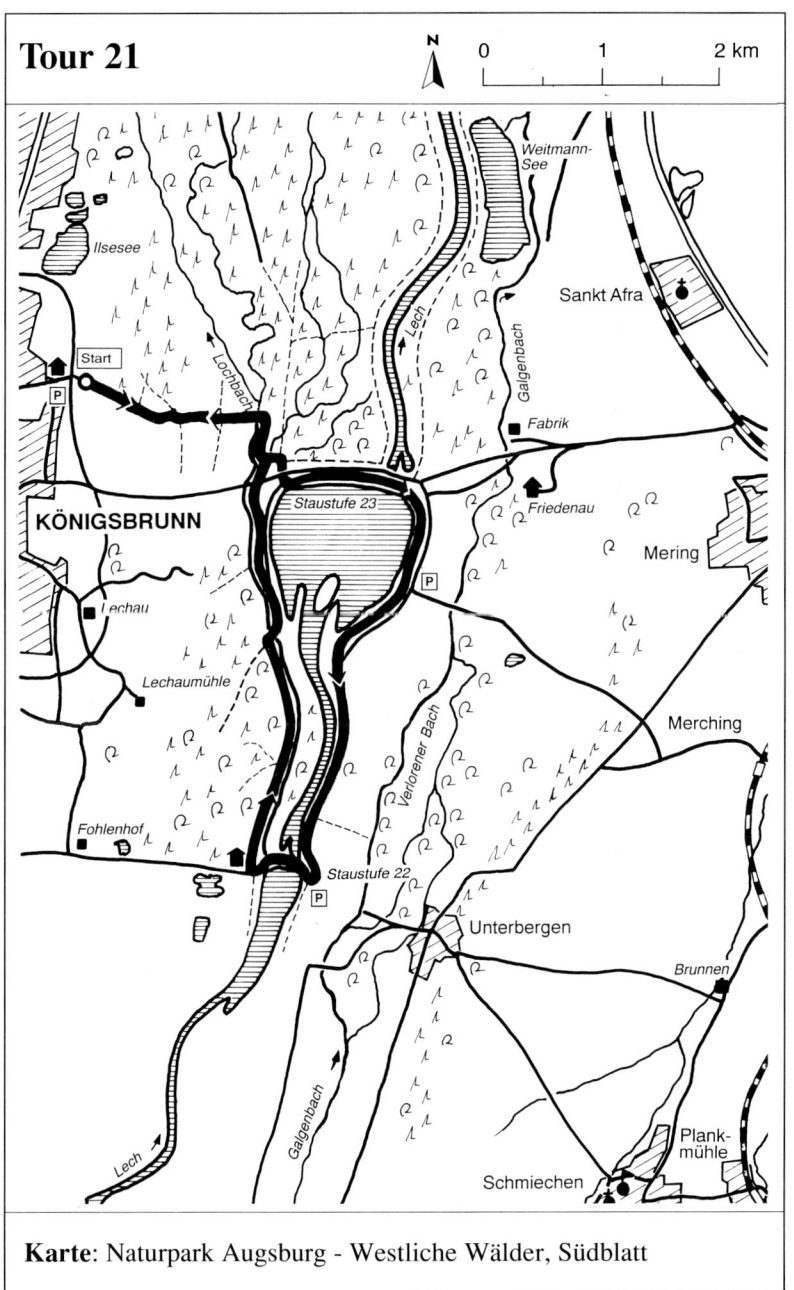

N

0   1   2 km

Weitmann-See

Ilsesee

Sankt Afra

Start

Lochbach

Lech

Galgenbach

Fabrik

Staustufe 23

Friedenau

KÖNIGSBRUNN

Mering

Lechau

P

Lechaumühle

Verlorener Bach

Merching

Fohlenhof

Staustufe 22

Unterbergen

Brunnen

Galgenbach

Lech

Plank-mühle

Schmiechen

Karte: Naturpark Augsburg - Westliche Wälder, Südblatt

Tour 21

Winterliche Entdeckungsreise
um die Lechstaustufe 23

Am schönsten ist die Lechstaustufe 23 zwischen Mering und Königsbrunn eigentlich bei schlechtem Wetter. Da sind wir meist die einzigen Menschen - ich und der Hund! Nur bei Sturm teilen wir den See mit einigen Surfern, die mit ihren Brettern in wildem Ritt übers aufgewühlte Wassser jagen. Doch auch an Wintertagen halten sich die Besucherzahlen in Grenzen, so daß Sie neben viel Sonne auch die nötige Ruhe finden werden, um die immer interessanter werdende Tierwelt zu beobachten.

Gestartet wird bei den Sportanlagen in Königsbrunn an der Karwendelstraße. Bei der Anfahrt über die alte oder neue B 17 folgen Sie den Wegweisern "Mering" bis zum Abzweig "Sportpavillon, Sportanlagen, Sonderschulen". Beim Pavillon bzw. den Sportanlagen sind ausreichend Parkplätze, der Bus hält am Rathaus.

Wurden auf dem Lechfeld im Jahr 955 die Ungarn besiegt - das Deckengemälde der St.-Ulrichs-Kirche zeigt die Ungarnschlacht -, kämpfen die Königsbrunner Bauern heute noch mit den Steinen, die die eiszeitlichen Gletscher in der einst menschenleeren Öde hinterlassen haben. Durch diese legte nach dem 30jährigen Krieg das Hochstift Augsburg eine wichtige Handelsstraße nach Süden. Sie kreuzte im Bereich der Gaststätte "Neuhaus" die Via Claudia, die von den Kaufleuten und Bauern nach wie vor benützt wurde. Um sie auf seine Straße zu zwingen, ließ 1688 der Bischof von Augsburg an der Kreuzung ein Zollhaus mit Verpflegungs- und Vorspannstation errichten. 1734 baute der Neuhauswirt, der von der Einödslage profitierte, eine dem Hl. Nepomuk, dem Schutzpatron der Reisenden, gewidmete Kapelle. Mit ihrer ansprechenden Innenausstattung ist sie ein Schmuckstück in Königsbrunn. Als die Eisenbahn um 1850 immer stärker in den Vordergrund trat, verlor das Neuhaus rasch an Bedeutung.

Auf Geheiß der "Königlichen Regierung von Schwaben und Neuburg" wurden 1833 an der Lechfeldstraße zwei Brunnen gegraben, und drei Jahre später zogen die ersten Siedler auf den kargen Boden. Sie kamen vor allem aus dem Ries, dem Donaumoos, aus Hessen und Württemberg, wobei es sich meist um Zweit- und Drittsöhne von Landwirten handelte, denen das heimatliche Anwesen keinen Platz mehr bot. Nach dem Zweiten Weltkrieg

Frost und Schnee zaubern eigenwillige Muster auf die Staustufe 23

wandelte das sieben Kilometer lange Straßendorf sein Gesicht. Durch die stadtnahe Lage zu Augsburg wurde Königsbrunn zu einer rasch expandierenden Gemeinde. Dem Aufschwung trug die Bayerische Staatsregierung am 28. April 1967 mit der Stadterhebung Rechnung.

Von den Sportanlagen gehen wir östlich zur Umgehungsstraße und sind durch die Fußgängerunterführung sofort im freien Gelände. Geradeaus den Teerweg am Spielplatz entlang, kommen wir zur Waldecke, weiter geradeaus zum Naturschutzgebiet der Königsbrunner Heide, die unter der Schneedecke dem nächsten Frühling entgegenträumt, in dem sie wieder ihre seltenen Blüten entfalten darf. Dekorativ wirken die einzelnen Kiefern auf der Fläche. Wir laufen an den Brunnenanlagen und dem Forsthaus geradenwegs in die sonnigen Felder und zum Holzbrückchen über den Lochbach. Sein eisverkrusteter Rand gefällt uns, so bleiben wir rechts an seinem Ufer bis zur Waldecke mit der Bank, verlassen links das Wasser und kommen in Rechtskurve zur Verbindungsstraße Königsbrunn-Mering. Vorsichtig hinüber und auf dem Fußweg links, erklettern wir rechts über die Treppen den Damm der Staustufe 23.

Die Lechstaustufe 23 wurde in den Jahren 1975-78 gebaut und weist eine Wasserfläche von etwa 1,6 qkm auf. Sie gehört zur Gemeinde Merching sowie zum Augsburger Naherholungsbereich und entwickelte sich zu einem Paradies für Surfer, Segler, Angler und Schwimmer. An beiden Ufern sind Badeplätze angelegt, auch Schutzzonen für Amphibien und Wasservögel wurden nicht vergessen. Am Ostufer bei der Wasserwachtstation sorgt im Sommer ein Kiosk für Erfrischung. Im Winter sollte die Eisfläche wegen möglicher Wasserstandsveränderungen unter der frostigen Decke nicht betreten werden.

Oben lassen wir uns erstmal den frischen Wind um die Nase wehen, bewundern die eigenwilligen Muster, die Frost und Schnee auf das sonst offene Wasser gezaubert haben, und laufen nach links zur Staumauer, durch die der Lech ins ganz schön tief gelegene Flußbett quirlt. Weiter den Damm entlang, begleiten uns die Lichtreflexe auf dem blanken Eis übers Kiestransportband bis zu den braunen Holzhütten; im Sommer können Sie sich hier stärken oder vom anschließenden Badeplatz eine Schwimmrunde einlegen.

Der Damm läuft bei den angelegten Flachwassern nahezu aus, und bevor der Weg eine scharfe Linkskurve macht, gehen wir geradeaus auf dem alten Schutzwall weiter, unter dem sich noch Altwasser ausbreiten. Er bringt uns an den Rand des kleinen, von Rehen und allerlei Vögeln bewohnten Ufergehölzes. An ihm gehen wir ständig geradeaus bis zur Staustufe 22.

Die Lechstaustufe 22 - im allgemeinen besser bekannt unter dem Namen "Lochbachanstich", weil dort bereits am früheren Wehr der Lochbach abgezweigt wurde - entstand gleich im Anschluß an die Staustufe 23 und ist voll als Landschaftsschutzgebiet ausgewiesen. Aufgrund dessen haben sich hier viele seltene Vogelarten wieder angesiedelt, wie der Flußregenpfeifer, der Wiedehopf, die Schafsstelze und die Goldammer, um nur einige zu nennen, einschließlich der Wasservögel, darunter der seltenere Gänsesäger und die Kormorane, die mehr und mehr vom gesamten Lech Besitz ergreifen.

Rechts ersteigen wir mittels der Treppe den Damm, queren über die Staumauer wiederum den Lech und genießen einerseits den hübschen Ausblick ins rauhreifgesäumte Flußbett, auf der anderen Seite über die Winterlandschaft bis Prittriching mit den ungleichen Kirchen, hinter denen sich an klaren Tagen das Hochgebirge aufbaut. Etwa 100 Meter die Teerstraße geradeaus, wäre eine Einkehrmöglichkeit.

Nichthungrige wenden sich nach der Grabenbrücke sofort rechts, der Lochbach hat uns wieder. Begleitet von einer Wasseramsel und der Erkenntnis, daß wir mit dem schnell fließenden Wasser nicht Schritt halten können, geht es nun mit der Sonne im Rücken dahin, links ab und zu einen Wacholderbusch, rechts eine kleine Schwelle im Bach, deren hochgewirbelte Tropfen bizarre Eisgebilde an den Holzpfosten hinterlassen. Beim Naturschutzwachthaus über die Brücke, bleiben wir links am Lochbach und folgen seinen Windungen, über die an ruhigen Tagen pfeilschnell der türkis-braun schillernde Eisvogel dahinjagt, ein Edelstein in der weißen Landschaft. Auch am nahen Überlaufgraben der Staustufe 23 hat er uns schon - trotz Hund - von Erle zu Erle begleitet, ein Zeichen, daß auch diese scheuen Vögel sich immer mehr an ihre Umgebung und die Menschen anpassen.

Wir müssen nochmal über die stark befahrene Verbindungsstraße Königsbrunn-Mering (!) und kommen zur bekannten Waldecke, später zum Holzbrückchen, über das wir auf gleichem Weg zurückkehren zum Parkplatz, an dem Ihnen der Sportpavillon eine weitere Möglichkeit zur Einkehr bietet.

Gehzeit:	*ca. 3 - 4 Stunden.*
Besondere Hinweise:	Ebene, sehr sonnige Strecke, besonders für Naturliebhaber. Gute feste Wege, fürs ganze Jahr geeignet, im Sommer Bademöglichkeiten.
Ausgangspunkt:	Königsbrunn, Sportanlagen an der Karwendelstraße mit Parkplätzen. Bushaltestelle am Rathaus.
Einkehrmöglichkeiten:	Nahe der Staustufe 22 Gaststätte "Lochbachanstich" (im Sommer kein Ruhetag, im Winter Montag und Dienstag, von ca. Mitte November bis Weihnachten geschlossen), Biergarten; mehrere in Königsbrunn, "Sportpavillon" an Ausgangs- und Endpunkt (Montag Ruhetag, wochentags ab 14 Uhr geöffnet, Freitag bis Sonntag auch mittags), kleiner Biergarten, Minigolfplatz; Kiosk an der Staustufe 23 von März bis September geöffnet.
Baden:	Staustufe 23 bei Kiosk und Wasserwachtstation oder Westseite der Staustufe.

Tour 22

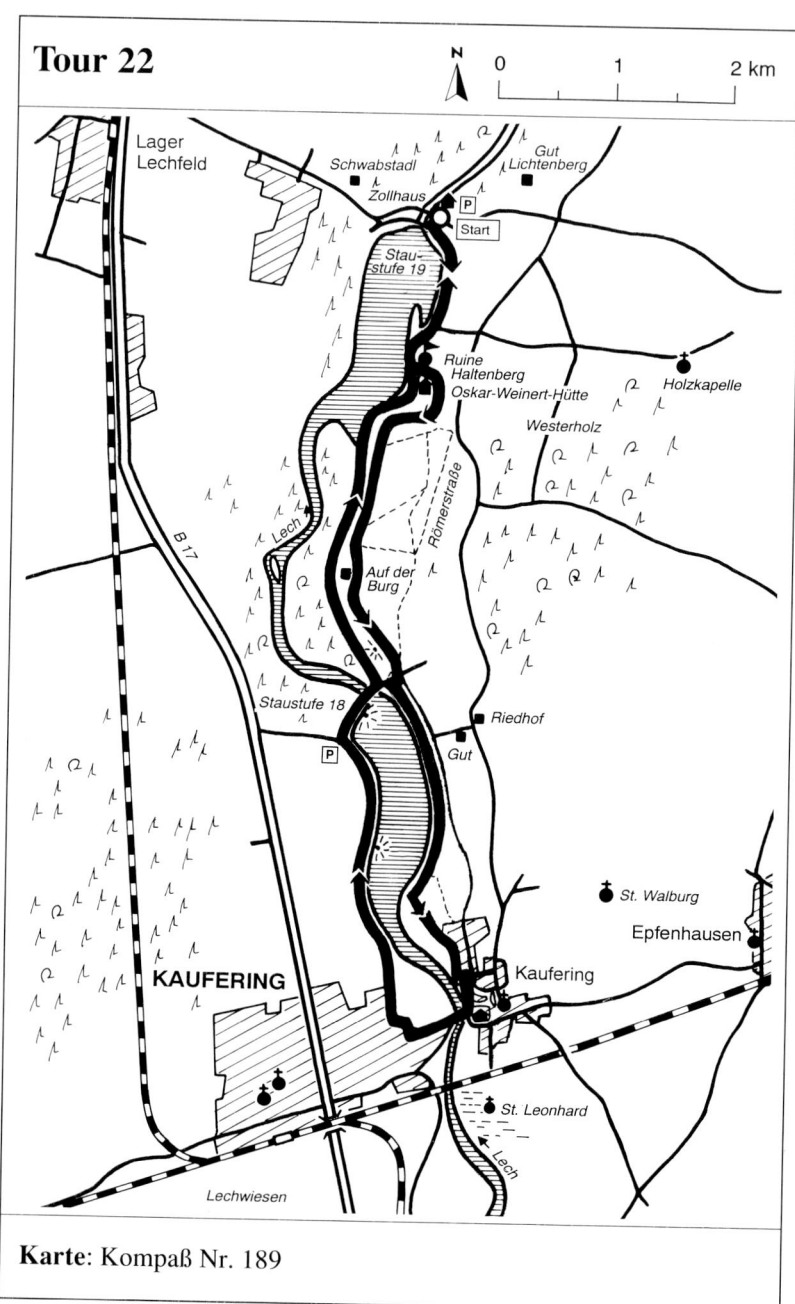

Karte: Kompaß Nr. 189

Tour 22

Eine Burgruine, alte Schanzen und "Postkartenwinter" am Lechrain

Zu Ihrer Lieblingswanderung bei Eis und Schnee könnte der Weg am Lechrain zwischen dem Zollhaus und Kaufering werden. Er verspricht auch in der kalten Jahreszeit viel Abwechslung und überrascht mit einem romantischen Winterwald.

Ausgangspunkt ist das gastliche "Zollhaus" am Lechübergang bei Klosterlechfeld (an der Ampel links nach Schwabstadel), genügend Parkplätze finden sich hinter dem Haus. Die Bushaltestelle am Kaserneneingang von Schwabstadel wird nicht immer bedient, notfalls müssen Sie etwa insgesamt 1 1/2 Stunden Gehzeit von und nach Klosterlechfeld auf dem Fußweg neben der Straße hinzurechnen.

Von den Parkplätzen wenden wir uns direkt zum Lech, gehen unter der Straßenbrücke durch am Ufer flußaufwärts und seitlich übers Treppchen hoch auf den Damm der Staustufe 19. Im verschleierten Winterlicht macht der teilweise zugefrorene See fast einen nordischen Eindruck. Auf dem Eisrand stehen Enten und Wildgänse, im offenen Wasser warten die Schwäne auf Futter.

Nach links umrunden wir die Eisfläche in der Ausbuchtung und laufen unter der mit herrlichen alten Buchen bestandenen Hangkante in den verschneiten Wald, das blaue "L" des Lech-Höhenwegs begleitet uns. Hier ist Landschaftsschutzgebiet, und so darf jedes Bächlein fließen, wie es will, Abzweige, Windungen und kleine Seen bilden, die, wenn sie nicht zugefroren sind, kristallklares Wasser führen und auch allerlei Pflanzen Lebensraum bieten. Linker Hand öffnet sich eine Waldwiese, und am uralten Holunderbusch weist uns das blaue "L" ebenfalls links, dann rechts an Fischteichen über die Treppen hinauf zur Oskar-Weinert-Hütte, die an Sommerwochenenden bewirtschaftet ist.

Wer sich gerne in die Geschichte zurückversetzt, macht, unterhalb der Treppe geradeaus und rechts um den Gutshof nahezu ganz herum, einen Abstecher zur Burgruine Haltenberg.

Die direkt an der Hochkante des Lechs gelegene einstige Burg wird 1260 erstmals zusammen mit einem Konrad von Haldenberg genannt, der vermutlich auch ihr Erbauer war. Der dazugehörige Gutshof entstand wohl durch Rodung des seinerzeit zum Kloster Benediktbeuren zählenden Westerholzes. Unter Kaiser Ludwig dem Bayern bekleideten die

Haltenberger im 14.Jh. hohe Ämter. Im 15. und 16.Jh. befand sich die Burg überwiegend im Besitz der Rehlinger, bis sie 1612 für 1900 Gulden an Herzog Maximilian von Bayern verkauft wurde. 1640 noch als kurfürstliches Schloß erwähnt, wurde dieses 1802 abgebrochen. Lediglich die Außenmauern und der Bergfried blieben als Ruinen erhalten. Die Burgkapelle aus dem 15.Jh. wurde erst nach dem 2. Weltkrieg zerstört.

1982 schenkte Gutsbesitzer Eberhard von Thyssen die Ruine dem Landkreis Landsberg. Der Historische Verein, weitere Gruppen und Schulklassen betätigen sich seitdem an der Erhaltung und Renovierung der einzigen, denkmalgeschützten Burgruine am Lechrain.

Von der Burg kehren wir zurück zum Gut und laufen gleich geradeaus auf dem kurzen Teerstück zur Oskar-Weinert-Hütte. Nun geht es immer auf der Hochkante entlang. Die entlaubten Bäume gewähren einen schönen Blick über die Staustufe 19 bis zur Wallfahrtskirche Maria Hilf in Klosterlechfeld. Von der Westseite weiß angeblasen zeigen sich die vielfach verschroben gewachsenen Bäume, die oft Mühe haben, sich in den Hang zu krallen. Wir kommen zu den Schanzen im Westerholz, durch das einst eine Römerstraße führte.

Die "Auf der Burg" genannten zwei Schanzen sind nicht zu übersehen. Große Wälle ziehen sich in weitem Bogen zunächst östlich, dann südlich und schließlich in westlicher Richtung zur Steilkante des Lechs. Die innere Wallhöhe beträgt 2,10 m, der Abfall zur Grabensohle bis zu 4 m. Diese Große Schanze wird vielfach als ungarnzeitlich (10.Jh.) gedeutet. Sie kann aber auch als Vorburg eines ebenerdigen Ansitzes des hohen Mittelalters gedient haben. Die turmartigen Aufschüttungen gehören der jüngsten Bauphase aller Erdbefestigungen an diesem Platz an. Einige mittelalterliche Scherben erlauben noch keine genaue Unterscheidung nach ansitz- und turmhügelzeitlichem Material. Auch römische Keramik wurde im Schanzbereich gefunden, eine Zuordnung zu einer bestimmten Siedlung ist jedoch nicht möglich.

Bei der Kleinen Schanze schneidet ein nur schwach ausgebildeter Wallgraben eine viertelkreisförmige Fläche vom Hinterland ab. Scherbenfunde aus der Bronzezeit (1800-1250 v.Chr.) und der Latène-Zeit (500 - 15.v.Chr.) belegen das Alter dieser kleinen Abschnittsbefestigung.

Wir folgen den Windungen der Steilkante, und bald schon blinkt der nächste Stausee durchs Geäst. Dahinter scheint direkt neben der Kauferinger Kirche die Zugspitze zu stehen. Der nächste hübsche Blick öffnet sich über die weiße Weite zum Riedhof mit dem auffälligen Turm. Zwischen den Bäumen verlassen wir das blaue "L" und gelangen rechts durch den steileren Hohlweg hinunter zur Staustufe 18.

Die fahle Wintersonne verleiht der Staustufe 19 ein beinahe "nordisches" Gesicht

Wer friert, darf sich, unten rechts und noch vor der Staumauer rechts in den Feldweg, auf den Rückweg machen.

Geübte Wanderer trotzen der Kälte und nehmen nach links den Uferweg unter die Stiefel. Die sonst vom Wasser umspülten Brutinseln sind vom Eis umklammert, warm wirken dagegen die Farben des auf der Anhöhe im Sonnenlicht strahlenden Kirchturms von Kaufering, dem wir mit dem nächsten Feldweg links zustreben.

Kaufering siehe Tour 10

Im Ort halten wir uns beim Maibaum rechts und kommen am Gasthof vorbei zur Lechbrücke. Wir wechseln die Flußseite und entdecken nach den Sportplätzen am Hang eine Treppe. Als sportliche Einlage sprinten wir sie hinauf und beginnen nach rechts ebenfalls mit dem Rückweg. Ein paar Häuser passieren wir noch, dann haben wir wiederum von erhöhter Warte einen wunderschönen Blick über den teils zugefrorenen See zum winterlichen Kaufering. Eine Eisscholle kommt auf dem letzten offenen Wasser dahergetrieben, und die Sonne wärmt uns angenehm den Rücken. Der Fußweg senkt sich zum Ufer, wir durchwandern die geschützte Auenlandschaft, kommen zur sommerlichen Badebucht, auf der sich Schlittschuhläufer vergnügen, und überqueren auf dem Staudamm erneut den Lech, dessen Lauf unterhalb von einer Insel geteilt wird. Danach schwenken wir links in den Feldweg und versuchen, die *Kurzwanderer* einzuholen.

Einer Bilderbuchlandschaft gleicht die Staustufe 18 bei Kaufering im Winterkleid

Der Feldweg schlängelt sich eben zur Hangkante und führt zurück in den Wald, in dem jeder einzelne Zweig seine weiße Last trägt. Die vielen Bächlein, die teils im Nagelfluh des Lechrains entspringen, schmücken sich auf ihrem Hindernislauf zwischen den Bäumen ebenso mit frostigen Gebilden wie manches herbstvergessene Blatt. Immer auf dem Hauptweg, treffen wir wieder auf den alten Holunderbusch und machen im Wald bei dem "weisen Taferl" auf dem Trampelpfad links einen Abstecher zum Seeufer, um den Spiegel der sich senkenden Sonne zu verfolgen. Dabei stören wir einen Kormoran. Schwerfällig erhebt sich der große dunkle Vogel von seinem Ansitz am Wasser und fliegt in den fahlen, rötlichen Sonnenball davon. Welch ein Bild! Wir nehmen es mit, nicht nur zurück zu unserem breiten Weg und auf diesem zum "Zollhaus", sondern auch für die ganze nächste Arbeitswoche.

Gehzeit:	*ca. 4 - 5 Stunden;* Abkürzung nur bis Staustufe 18: ca. 2 1/2 - 3 Stunden. Fußweg für Busfahrer von und nach Klosterlechfeld zusätzlich ca. 1 1/2 Stunden; die Haltestelle Schwabstadel am Kaserneneingang wird nicht immer bedient.
Besondere Hinweise:	Landschaftlich schöne und geschichtlich interessante Wanderung auf guten Wegen, nahezu eben, im Winter viel Sonne. Geeignet für alle Jahreszeiten.
Ausgangspunkt:	"Zollhaus" am Lechübergang bei Schwabstadel, Parkplätze hinter dem Haus. Bushaltestelle Schwabstadel oder Klosterlechfeld.
Einkehrmöglichkeiten:	Gasthof "Zollhaus" mit Terrasse (Ruhetag Montag und Dienstag, Faschingswoche Betriebsruhe); in Kaufering Gasthaus "Zur Brücke" (Mittwoch Ruhetag), Gasthof "Rössle" unterhalb der Kirche (Dienstag Ruhetag), beide mit kleinem Biergarten. Oskar-Weinert-Hütte an Sommerwochenenden geöffnet.
Baden:	Westufer an der Staustufe 18, Badeplatz in der Nähe von Staumauer und Parkplatz.

Tour 23

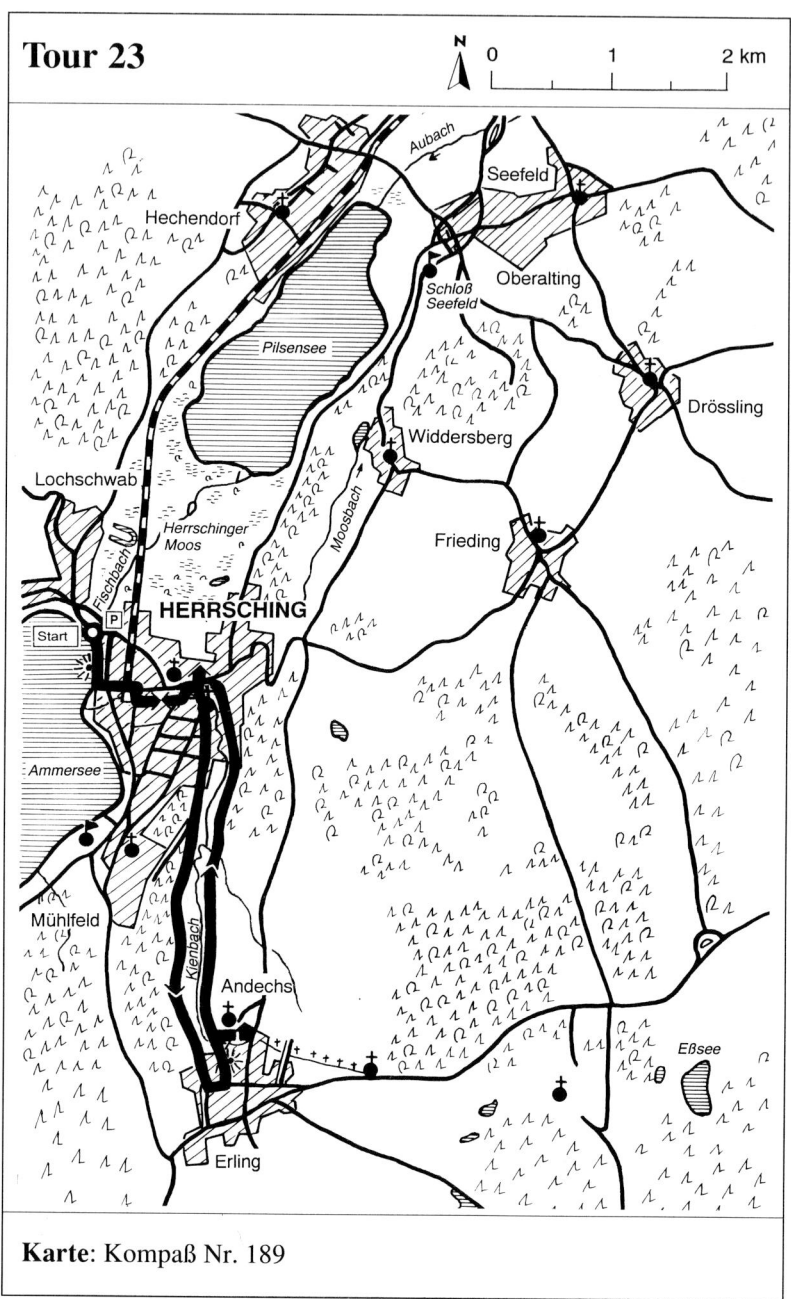

Karte: Kompaß Nr. 189

Tour 23

Ohne Seil und Eispickel auf Bayerns "Heiligen Berg"

Als Kirmes, Jahrmarkt oder ganz einfach Rummel kann man das bezeichnen, was sich vom ersten warmen Frühlingstag bis zur letzten Herbstsonne in Andechs abspielt. Busweise rollen die Touristenscharen an, "Spät-Teenies" produzieren sich auf dem Rollbrett, Hühnerknochenhaufen zieren die Tische, schier endlos sind die Warteschlangen vor Bier- und Essensausgabe. Doch im Winter lohnt es sich durchaus noch, Bayerns "Heiligen Berg" zu besteigen, und vom Großvater bis zum Enkel dürfen alle mit.

Wie bei Tour Nr. 4, die Sie dieser Wanderung je nach Kondition durchaus voranstellen können, starten wir wieder am Parkplatz am nördlichen Ortseingang von Herrsching direkt am Ammersee.

Herrsching und Ammersee siehe Tour 4

Wir gehen direkt am Seeufer entlang, bewundern die prachtvollen alten Bäume und lassen uns vom Federvieh die letzte Frühstückssemmel abbetteln. Inzwischen sind die vielen Wildgänse, wie Grau-, Saat- und Kanadagans, beinahe in der Überzahl. Wir müssen links in den Fußweg, auf der Straße kurz rechts und an der weißen Kirche den schmalen Fußweg links dran vorbei. Er bringt uns zum Tunnel unter den S-Bahngleisen und zum Bahnhof.

Schräg rechts gegenüber nimmt uns die "Kienbachstraße" auf, das Bächlein queren wir nach rechts über die Steinbrücke, halten uns links, kreuzen an der Vorfahrtsstraße nach links nochmal den Kienbach und bleiben gleich rechts am Ufer. Für den Biergarten der "Post" ist es noch zu kalt, so überschreiten wir nach rechts die nächste Brücke und streben links der hochgelegenen Kirche St. Martin zu.

Haben Sie bereits Tour 4 hinter sich und den entsprechenden Hunger und Durst, dürfen Sie ab hier mitgehen auf den "Heiligen Berg."

Nach rechts beginnt jetzt der "Fußweg nach Andechs über den Hörndlweg". Links die "Hochleite" aufwärts, ist bald nach den Häusern an einem Telegrafenmast in souvenirsicherer Höhe das Schild "Andechs" angenagelt. Der schmale Fußweg führt links hinauf in den Wald und zieht sich auf einer Rippe zur Höhe. Durch die laubfreien Bäume blinzelt immer wieder der Ammersee, dann öffnet sich eine breite weiße Fläche, die die Sonnenwärme speichert und hinter der in sattem Altrosa der Andechser Kirchturm auftaucht. Irgend jemand verlangt nach einer Liege, und "Jackenstrip" ist angesagt.

Gleich nach den ersten Häusern, die schon zu Erling gehören, weist uns das Schild "Fußweg nach Andechs" links. Über ein paar Stufen gelangen wir hinab ins Kienbachtal, nehmen sportlich die Treppe gegenüber und steigen mit schönem Blick über Erling bis zu den Bergen hinauf zur Kirche.

Die Gründung von Andechs geht auf die Dießener Grafen zurück, die im 11.Jh. ihren dortigen Sitz mit der Burg "Andehsa" vertauschten und sich fortan auch danach nannten. Als Markgrafen und Herzöge gewannen sie im 12.Jh. an Macht, ihr Besitz reichte von Istrien nach Tirol und vom Inntal bis ins Frankenland. Der Niedergang des Geschlechts wurde durch die Wittelsbacher besiegelt, 1245 zerstörten sie die Burg, 1248 starb der letzte Herr von Andechs.

In den Resten der einstigen Burgkapelle fand man 1388 den Reliquienschatz der frommen Andechser Grafen. Zunächst nach München verbracht, wurde seine Rückführung und gleichzeitig die Errichtung eines Augustinerchorherrenstifts bestimmt. Damit zählt Andechs zur ältesten Wallfahrt in Bayern. 1455 erfolgte die Umwandlung in ein Benediktinerkloster, und nach der Säkularisation erwarb 1846 König Ludwig I. die Gebäude. Er überließ sie der Abtei St. Bonifaz in München, die von da an für die Wallfahrt zuständig war. Die Andechser Schätze finden sich in der Heiligen Kapelle (Besuch nach Meldung an der Pforte), darunter auch die Drei-Hostien-Monstranz, ein Meisterstück gotischer Goldschmiedekunst, mit der aus Rom stammenden alten Hostie.

Die Klosterkirche St. Maria wird oft als die "bayerischste aller bayerischen Kirchen" bezeichnet. Namhafte Künstler wirkten an ihrem heutigen Erscheinungsbild. 1420 begann der Bau der dreischiffigen Halle. Die spätgotische Architektur blieb bei der frühbarocken Erneuerung Anfang des 16.Jh. erhalten. 1669 zerstörte ein Brand die gesamte Ausstattung, anläßlich der Dreihundertjahrfeier 1755 wurde sie dem Geschmack des Rokoko angepaßt. Entscheidend für das heutige Bild sind die Arbeiten von Johann Baptist Zimmermann, der den Stuck wie auch teilweise die Fresken schuf und einen Entwurf für den Hochaltar lieferte. Das oberhalb angeordnete Gnadenbild von Hans Degler (1608/09) stammt noch aus dem Vorgängeraltar, die thronende Muttergottes im Strahlenkranz datiert auf das Ende des 15.Jh. Für die seitlichen Figuren entwarf Johann Baptist Straub die Modelle, weitere Plastiken entstammen der Hand von Franz Xaver Schmädl. Unter den über 250 großen Votivkerzen im Wachsgewölbe an der Westseite ist die älteste aus dem Jahr 1594.

Südlich der Kirche steht noch die alte Klosterapotheke, die 1763-67 entstand. Die Fresken im Innern beziehen sich auf Krankenheilungen aus dem Alten und Neuen Testament.

Die Sonnenuhr am Turm der Andechser Klosterkirche zeigt auch im Winter die Stunden

Doch der "Heilige Berg" ist nicht nur Stätte geistig-künstlerischer Erhebung, sondern auch irdisch-fröhlichen Brotzeitvergnügens, eine Konstellation, wie sie in Bayern öfters anzutreffen und auch bestens vereinbar ist. Schließlich haben wir uns das gute Andechser Dunkel und eine kräftige Brotzeit bereits verdient. Um diese Jahreszeit gibt's auch den süffigen Doppelbock, der zumindest an Sommerwochenenden nicht mehr ausgeschenkt wird. Doch Vorsicht, so manch einer verträgt ihn auch im Winter nicht! Lauter nette Menschen bevölkern das gemütlich warme Klosterbräustüberl. Kaum sitzen wir, sammeln sie alle Haxenknochen ein, und glücklich legt sich unser Hund unter dem Tisch ein Vorratslager an. Er ist ja auch der große Wanderhund.

Den etwas kürzeren Rückweg durchs Kienbachtal beginnen wir hinter der Kirche über die Treppen abwärts. Unten auf dem breiten Weg rechts, begleitet uns das Bächlein durch den Wald hinab nach Herrsching, wo wir

Uralte Bäume säumen das Ammerseeufer in Herrsching

bei der Kirche auf dem Hügel ankommen. Auf dem bekannten Herweg bummeln wir nun zurück zum Parkplatz.

Vielleicht nehmen sie die frühere Sitte der Augsburger wieder auf, die des öfteren am Sonntag mit der ganzen Familie nach Andechs "wallfahrteten". Und falls Sie mit dem müde gewordenen Enkel auf den Schultern die letzten Meter hinaufkeuchen zu Kirche und Bier, sollte es Sie auch nicht aus der Fassung bringen, wenn Ihnen der Kleine vergnügt auf die Schultern klopft und kräht: "Gell, Opa, oben trink'mer aber a Maß!"

Gehzeit:	*ca. 2 1/2 - 3 Stunden;* kombinierbar vorab mit Tour 4, dann ca. 5 - 6 Stunden.
Besondere Hinweise:	Schöne Wegstrecke eigentlich fürs ganze Jahr, ab Frühjahr bis Herbst allerdings viel Trubel. Nicht allzu steiler, aber langer Anstieg auf dem Hinweg, Rückweg bergab, jeweils längere Schattenstrecken. An den Adventswochenenden "lebende Krippe" vor dem Bräustüberl.
Ausgangspunkt:	Am nördlichen Ortsbeginn von Herrsching, Parkplatz fast direkt am See.
Einkehrmöglichkeiten:	Klosterbräustüberl in Andechs (kein Ruhetag, im Januar geschlossen, Klostergasthof gegenüber geöffnet); mehrere in Herrsching, Gasthof "Post" am Weg mit Andechser Bier und Biergarten.
Baden:	Strandbäder am Ammersee.

Tour 24

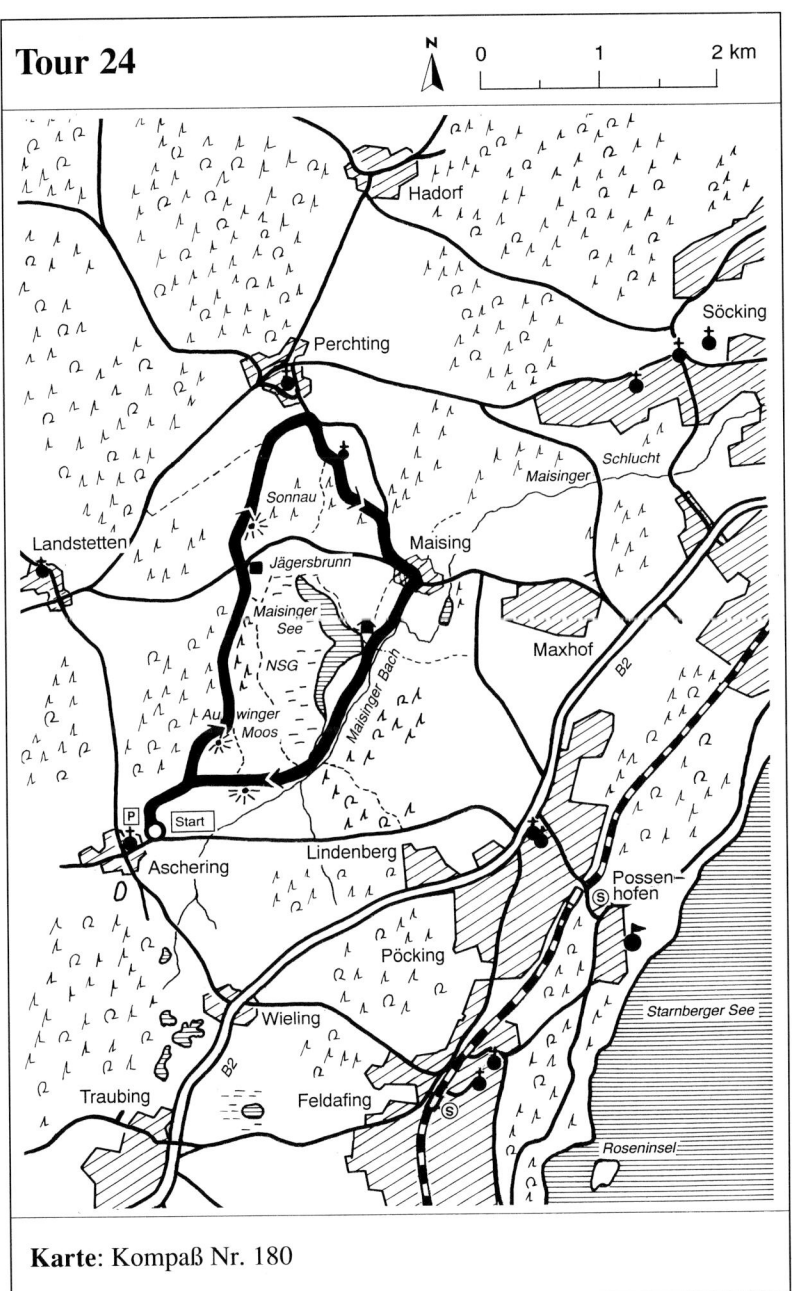

N 0 1 2 km

Hadorf

Söcking

Perchting

Schlucht

Sonnau

Maisinger

Landstetten

Jägersbrunn

Maising

Maisinger
See

NSG

Maxhof

B2

Auwinger
Moos

P

Start

Aschering

Lindenberg

Possen–
hofen

Pöcking

Starnberger See

Wieling

B2

Traubing

Feldafing

Roseninsel

Karte: Kompaß Nr. 180

Tour 24

Mit Schlittschuhen oder Eisstock zu Großmutters Streuselkuchen

Zwischen Herrsching und Starnberg liegt das Naturschutzgebiet Maisinger See, das an einem windstillen, sonnigen Frosttag zu einer hübschen Wanderung einlädt. Nehmen Sie Schlittschuhe oder Eisstock mit, haben Sie gleich doppeltes Vergnügen.

Als Ausgangspunkt wählen wir das ziemlich genau östlich von Andechs gelegene Aschering. Im Ort nach der Kirche links in Richtung "Pöcking", lassen wir beim letzten Haus das Auto stehen und machen uns zu Fuß auf den Weg.

Links in den "Maisinger-See-Weg", folgen wir dem Teersträßchen durch das kleine Restmoor bis kurz vor dem Hof auf der Anhöhe und halten uns links an das Schild "Jägersbrunn, Maising". Der Feldweg zieht leicht aufwärts in die Wiesen hinter dem Anwesen, und nun wissen wir, daß der Bauer nicht nur wegen des sumpfigen Bodens den Hof auf den Hügel gebaut hat; wunderschön weißglänzend leuchten im Süden Zugspitze und Karwendel. Einzelne Stadel und alte Eichen stehen verstreut im Auwinger Moos, durch das wir in Linkskurve auf den ebenfalls eichengesäumten Waldrand zuhalten. Wir durchqueren das kurze Schattenstück, die Bäume geben uns frei, und weit öffnet sich der Blick über ein großes Moorgebiet mit Schilf, Krüppelkiefern und Birken, in das sich der nördliche Zipfel des Maisinger Sees hineinschiebt.

Wir kommen nach Jägersbrunn. Bei den Teichen begrüßt uns das Schnattern der Gänse und Enten, und geradeaus über die Kreuzung steigt der Weg leicht an, auf einen laubbaumbestandenen Moränenhügel zu. Wieder tritt das Gebirge ins Blickfeld, wir haben die Höhe erreicht und laufen nun im Rechtsbogen auf Perchting zu, das wir allerdings nur im Außenbezirk berühren.

Perchting leitet seinen Namen von dem bajuwarischen Siedler "Perchtrius" her. Anläßlich einer Schenkung an das Kloster Benediktbeuren wird der Ort 1048 erstmals urkundlich erwähnt. Von Gauting kommend, führte die Römerstraße nach Bregenz hier vorbei. Funde aus der Bronzezeit weisen jedoch auf eine frühere Besiedlung dieses Gebietes hin.

Vom Ortsschild gehen wir geradeaus bis zur "Pöckinger Straße", wenden uns rechts und vor der Kfz-Werkstatt nochmal rechts nach "Sonnau". Wir wandern bergab in ein hübsches Wiesental, treffen erneut auf einen Teich und halten uns hier links an den Waldrand. Der schöne Buchenhain schmückt sich mit einer grünbemoosten Kapelle aus dem Jahr 1931, dann weist das Schild links nach "Maising". Anschließend bringt uns ein Wiesenpfad zur Straße, auf der wir rechts nach Maising hineinlaufen.

Auch Maising war römisches Siedlungsgebiet, wie die Reste einer ausgegrabenen römischen Villa beweisen. Die etwas außerhalb gelegene "Mühle von Maising" war gern besuchter Ort bekannter Persönlichkeiten: Kaiserin Sissi von Österreich und ihre Schwester Sophie hielten sich hier auf, ebenso der Tiroler Maler bäuerlichen Lebens Franz von Defregger, das Sängerehepaar Heinrich und Therese Vogl sowie der Tenor Franz Nachbauer. Im damals bestimmt noch ruhigen "Seehof" wohnte Ende des vorigen Jahrhunderts dreißig Sommer lang die Sängerin Mathilde Mallinger, die in der Uraufführung von Richard Wagners "Meistersinger" 1868 in München den Part des Evchens innehatte.

Heute herrscht selbst im Winter noch starker Autoverkehr zum See, so daß wir über den König-Ludwig-Weg ausweichen: Wir folgen der Dorfstraße, vor Maibaum und Kirche der Rechtskurve und finden bei den alten Buchen gegenüber dem Gasthof "Georg Ludwig" rechts das blaue "K" des Fernwanderweges.

Auf dem zugefrorenen Maisinger See findet jeder sein Wintervergnügen.

Durch die Wiesen erreichen wir das Gasthaus "Seehof", in dem der Streuselkuchen noch nach Großmutters Rezept gebacken wird und stets ein frischer Apfelstrudel bereitsteht. An schönen Tagen ist hier nahezu alles unterwegs, zu Fuß, per Auto, mit Fahrrad oder Pferd, und man muß schon Glück haben, an den urigen Holztischen und -bänken einen Platz über dem See zu finden. Außerdem braucht es ein gutes Gehör, wenn der Wirt den bestellten "Schweinsbrot'n" ausruft. Im Sommer kann man hier ins Wasser hüpfen, jetzt tummeln sich Eisstockschützen und Schlittschuhläufer auf dem malerisch von gelbbraunem Schilf gesäumten See. Sie haben Zeit, Ihre Kreise zu ziehen und Pirouetten zu drehen, denn der Rückweg dauert nur noch etwa eine Stunde.

Auf dem Damm verlassen wir die gastliche Stätte, orientieren uns wieder an dem blauen "K" und berühren die eingeschnittenen Windungen des Maisinger Baches. Wir halten uns rechts, und nun ist bei nicht durchgefrorenem Boden festes Schuhwerk von Vorteil. Etwas feucht, aber sehr romantisch geht es zwischen Schilfgürtel und Bach durch die Moorwiesen zum Brücklein über den Weiherbach. Das Schild "Aschering" zeigt rechts hinüber, wir kreuzen nochmal einen Bach und laufen direkt auf den höher gelegenen Hof zu. Der Weg wird wieder fester, erneut genießen wir die Aussicht auf die Berge und kehren auf dem anfänglichen Teersträßchen zurück nach Aschering. Wen es jetzt nach einer prächtigen Schweinshaxe mit dunklem Bier gelüstet - Andechs ist nicht weit!

Gehzeit:	*ca. 2 - 2 1/2 Stunden.*
Besondere Hinweise	Bei durchgefrorenem Boden gute Wegstrecke, kaum nennenswerte Steigungen, der Schnee sollte nicht zu hoch liegen. Auch fürs übrige Jahr geeignet, nur sind die Moorwege immer etwas feucht. An schönen Tagen Hochbetrieb am "Seehof".
Ausgangspunkt:	Aschering, letztes Haus in Richtung "Pöcking", Einstieg in "Maisinger-See-Weg".
Einkehrmöglichkeiten:	"Maisinger Seehof" mit Biergarten (Montag und Dienstag Ruhetag, ganzjährig geöffnet,November geschlossen).
Baden:	Am Maisinger Seehof möglich.

Für Ihre Gesundheit machen wir uns stark.

Entdecken Sie die Kraft, die in Ihnen steckt. Ihre AOK – Die Gesundheitskasse hilft Ihnen nach besten Kräften, daß Sie gesund bleiben und so mehr Freude am Leben haben.

Holen Sie sich unsere wertvollen Tips für Ihre Gesundheit. Nutzen Sie unsere vielfältigen Gesundheitsangebote.

AOK Augsburg

Die Gesundheitskasse.

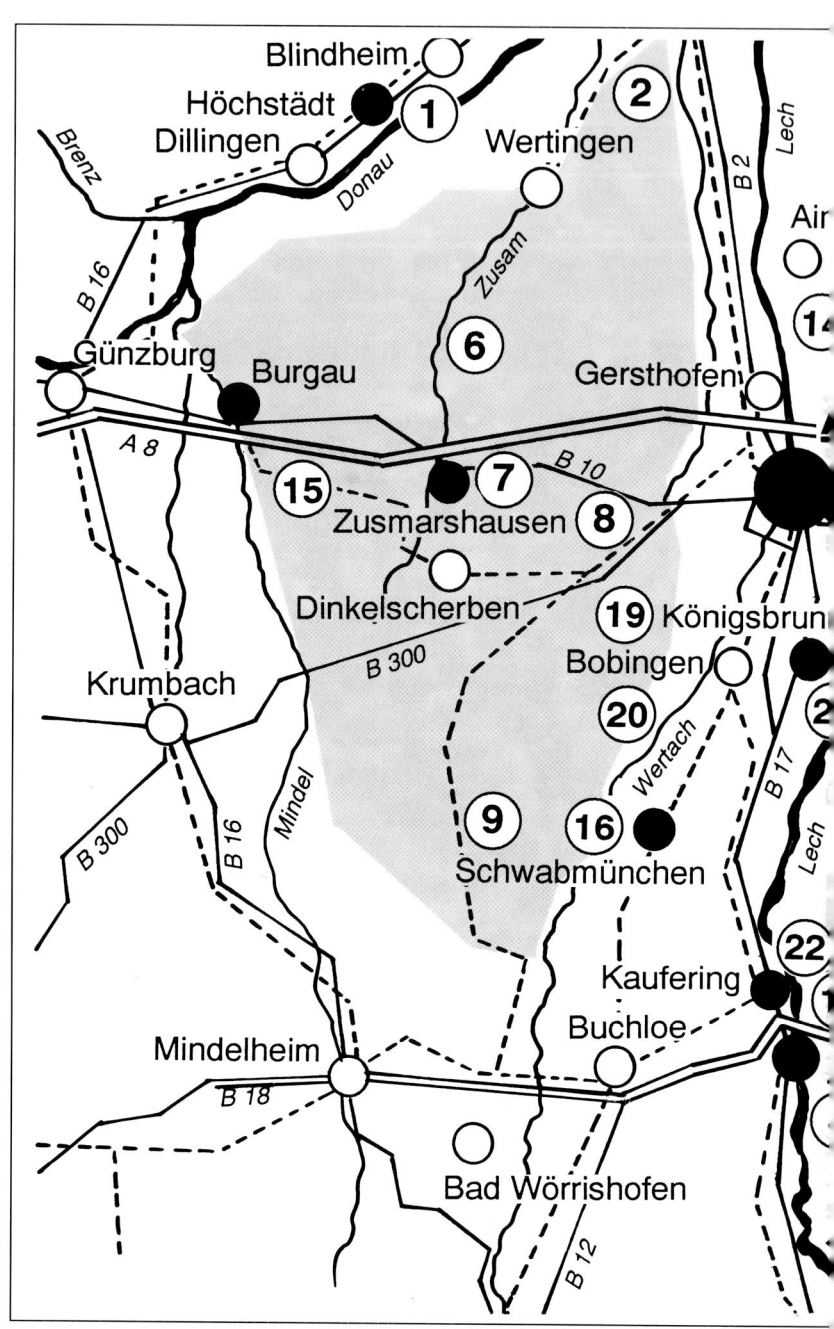

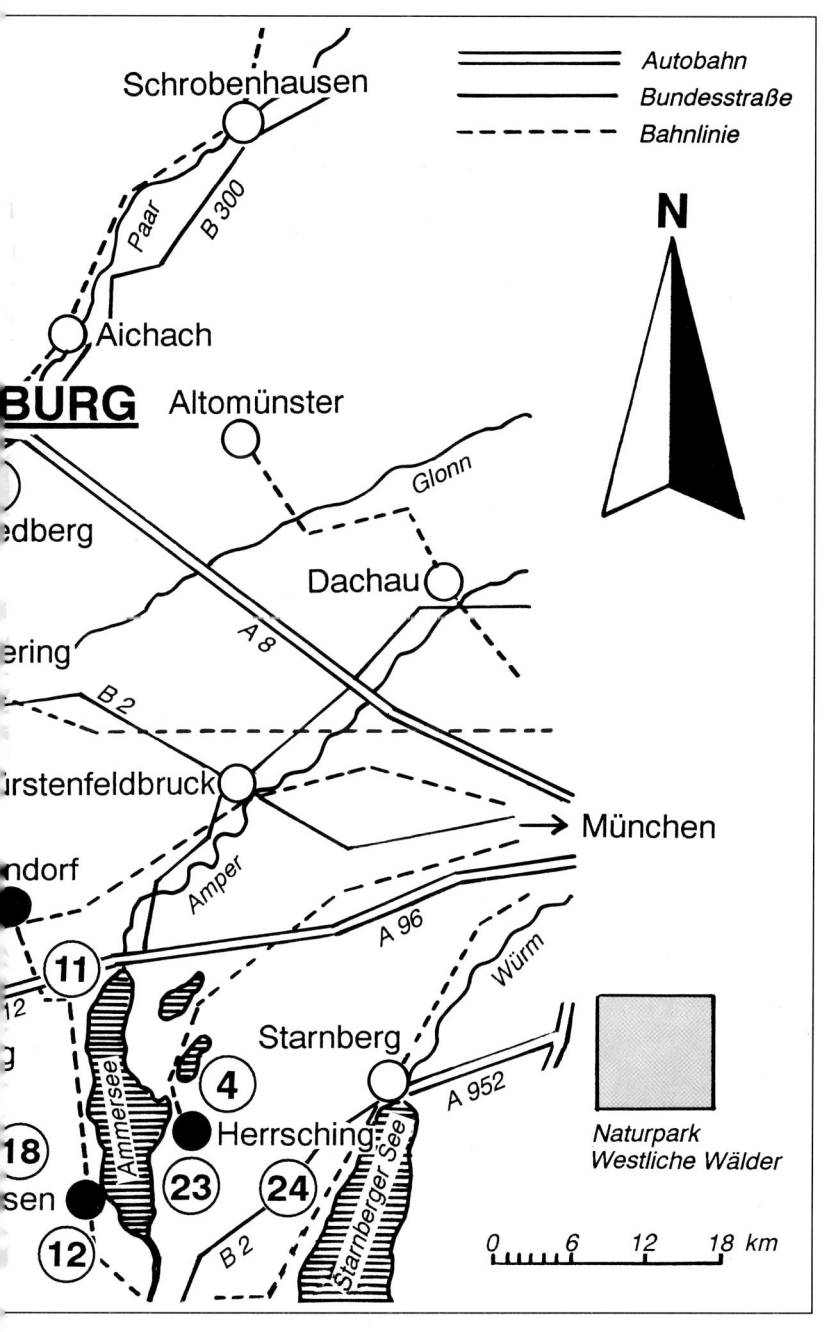

Schrobenhausen

Autobahn
Bundesstraße
Bahnlinie

N

Paar
B 300

Aichach

BURG

Altomünster

Glonn

dberg

Dachau

A 8

ering

B 2

rstenfeldbruck

→ München

ndorf

Amper

A 96

Würm

11

Starnberg

12

4

A 952

18

Herrsching

Naturpark
Westliche Wälder

sen

23

24

Ammersee

Starnberger See

B 2

12

0   6   12   18 km

IHR LIEBLINGSSENDER IN AUGSBURG

bringt jede Woche neu:

Wander-, Radl- oder Langlauftips

von
Christel Blankenstein

Freitag mittags und Samstag früh

auf UKW 87,9 MHz
im Augsburger Kabelbereich
auf Frequenz 94,35
Raum Aichach UKW 100,6 MHz
im Kabel 98,65

BAYERN

Andere Bundesländer

Radwander-führer

Band 901 Schätzl
Radeln zwischen München, Andechs und Bad Tölz
Münchner S-Bahn-Bereich Süd

Band 902 Schätzl
Radeln zwischen München, Rosenheim und Freising
Münchner S-Bahn-Bereich Ost

Band 906 Schätzl
Radeln zwischen München, Augsburg und Pfaffenhofen
Münchner S-Bahn-Bereich
West u. Nord

Band 903 Schöner
Radeln zwischen Wertach, Lech und Ammer
Raum Landsberg, Füssen

Band 905 Mairle
Radeln im Pfaffenwinkel
Raum Ammersee und Staffelsee

Band 910 Blankenstein
Das Augsburger Radelbuch
Von der Donau bis ins
Voralpenland

Band 907 Hertwig
Radferwanderweg Bayreuth-Hof-Chemnitz
48 Seiten DM 9,80

Band 913 Frank
Das Aachener Radwanderbuch
Familientouren rund um Aachen

Band 914 Eckert
Das Hamburger Radwanderbuch
Familientouren nördlich von
Hamburg

Band 915 Ernst
Das Berliner Radwanderbuch
Familientouren süd-westlich
von Berlin

*Je ca 144 Seiten mit vielen
Fotos und Illustrationen
Mit Streckenkarten und
Ausflugstips, Einkehr-
möglichkeiten und Hinweisen
auf Kunst und Geschichte*

Jeder Band 19,80

Pöltnerstraße 1
8120 Weilheim

beliebt

preiswert **informativ**

aktuell

Wander-
führer

Thüringen

B A Y E R N

Band 904 Dietrich/Hein/
Heilbock
Wandern im Pfaffenwinkel
Raum Ammersee und
Staffelsee

Band 905 Heilmannseder
Das Wirtshauswanderbuch
Band 1 Südliches
Oberbayern

Band 911 Heilmannseder
Das Wirtshauswanderbuch
Band 2 Chiemgau -
Berchtesgaden

Band 912 Blankenstein
Das Augsburger Wanderbuch
Zwischen Donau und
Ammersee

*Je ca 144 Seiten mit vielen
Fotos und Illustrationen
Mit Streckenkarten und
Ausflugstips, Einkehr-
möglichkeiten und Hinweisen
auf Kunst und Geschichte*

Band 908 Hertwig
**Der Rennsteig und seine
Umgebung**

Stöppel-Freizeitführer 908

ROBERT P. HERTWIG

Der Rennsteig
und seine Umgebung

Von der Wartburg in den Frankenwald auf dem
ältesten deutschen Höhenfernwanderweg

R

STÖPPEL

Mit Karten und vielen Informationen zur Routenplanung

Von der Wartburg in den
Frankenwald auf dem
ältesten deutschen
Höhenfernwanderweg

Jeder Band 19,80

STÖPPEL
V E R L A G

FREIZEIT
FÜHRER

Pöltnerstraße 1
8120 Weilheim